하나
그림자로 남은 것

현대문학사조 동인지

하나 그림자로 남은 것

초판 1쇄 _ 2016년 8월 4일
초판 발행 _ 2016년 8월 10일
지은이 _ 채규판 外
펴낸이 _ 양상구
펴낸곳 _ 도서출판 채운재
주소 _ 04553 서울특별시 중구 삼일대로 6길 13
(서울빌딩 202호)
전화 _ 02-704-3301
팩스 _ 02-2268-3910
손전화 _ 010-5466-3911
이메일 _ ysg8527@naver.com

현대문학사조 문인들의
다섯번째 이야기

하나
그림자로 남은 것

도서출판 채운재

CONTENTS

초대 작가

회원 작품

초대 작가

어머니

대 우

어머니는 생명의 나라
어머니는 평화의 고향
어머니는 사랑의 주소.

꿈속에서도
꿈속에서도
눈물 줍는 어머니.

나 다시
아이 되어
울고만 싶어.

고랑진 얼굴에
타 다 남은 가슴
시리고 저린 손발.

생각하면 눈물만 더하고
부르면 멀어져만 가내요
눈 못 감으신 어머니.

이 아들의 죄업
저승 간들 어머님을
어떻게 뵈올까요.

하나 그림자로 남은 것

채 규 판

1
뛰어내릴까
까마귀의 날개에 매달리면
그럴 수 있을까
삭막할까
뭘 좀 걸쳐야 할 텐데
될까
다 지워버린 뒤 그냥 퍼대고 앉아 있을까
웃을까
뱀 대가리처럼 흔들다 보면
더러 잡히는 냄새도 있을 텐데
길다랗게 누워
손만 휘적거리다 만다

2
달리다 멈춘 것은 분명 내 탓이 아니다
메뚜기가 날아올랐던 까닭도 있고
휘적휘적 대는 갈대짓에게 떠넘길 일이지만
내가 달리다 멈춘 것은 어쨌든
내 탓이 아니다

3

멀리 뛸 수만 있다면
그러리라 싶다
다 뭣이든 그럴 수 있다면
그러리라 싶다
이가 맞지 않아서 노상 신드럼한 오후
의자가 있으면 얼마나 편할까

아침 밥상

송 동 균

신농씨(神農氏) 혼기(魂氣) 듬뿍 실리고
아내 전통성 손맛 비저 낸
윤기 자르르 오곡 아침 밥상이
나에겐 반가운 손님이다.
숱한 고난의 세월 접으며 사르신 부모님,
일찍이 나에게 삶의 긍지 심어 주셨고,
나는 아침 밥상 앞에
마음 청신해 지고 내 스스로를
더욱 존경하며 사랑하는 힘 익힌다.
나 이렇듯 화려한 생애 속에
건강한 꿈 길렀으니 어찌 행복하지 아니하랴.
아침 밥상 앞에 향기 번진다.
여기 평화로운 음악 흐르고
꿈의 자락 펼치는 아가들 웃음소리…
오늘 나에게 더욱 밝은 세상 열리는 날,
윤기 반질한 아침 밥상이
가득히 맑은 햇살 내려받고 있다.

철쭉

원 용 우

임은 나를 모르셔도
나는 너무 잘 압니다

혼자서 애를 태우며
무한정 기다리리라

장작불
활활 타듯이
타오르는 그 사랑

회원 작품

강 민 호

2012년 <현대문학사조> 시 부분 등단
2012년 <대한문학세계> 시 부분 등단
2014년 2월 서울디지털 사회복지학과 졸업
현대문학사조 문인협회 회원

시집 : 『시간상실』
공저 : 현대문학사조 동인지 『하루를 열며』 등

당신 앞에서 外 4편

강 민 호

당신 앞에서는
땅거미 짙어질 때까지
할머니께서 집에
돌아오시지 않으면
목 놓고 울던 모습이 나왔습니다.

물질하다가 일부러
바다 밑에 잠겼을까?
시내에서 다른 버스를 타고
딴 마을로 갔을까? 해서
서럽게 울던 모습이 나왔습니다.

가족들 앞에서도
웃음거리가 될까
안으로 또 안으로
밀어 넣었던 모습이
당신 앞에는 불쑥불쑥 나왔습니다.

핏줄로 천륜으로
묶이지 않은 당신 앞에서
애타게 울면서 할머니를 부르던
어린 모습이 나오는 것이 싫어
마음이 시키지 않은 일만 했던 것입니다.

기도

할머니께서는
늙으니까 솟아오는
일광(日光)님에게 너를
위한 기도도 빼먹는다고 하자

손자는
할머니 나 교회 다니고 있어
우상에게 하는 기도는
소용없어 하면서 웃는다.

할머니께서
너 제사, 명절을
챙기지 싫어서
교회 다니냐고 하자.

손자는
동생이 제사 명절을
지낼 때 제물값을
보탤게요 하면서 웃는다.

이제는
할머니의 건강을 위해
제가 기도를 할게요 하고
마음속으로 말한다.

낙엽을 보며

가을비에
젖어서 길바닥에
달라붙게 된다는 것을
모르고 봄에
온 힘을 다해 돋아났을까?

차들 바퀴에
시도 때도 없이
밟히게 된다는 것도
모르고 여름에
녹색 미소를 지었을까?

휴짓조각 같이
빈 깡통 같이
버려지게 된다는 것도
모르고 가을에
샛노랗게 빛났을까?

몰랐던 것이 아니라
다 알고 있었기에
나뭇잎들은 그토록
아름답게 변하면서
마음껏 살 수 있었다.

아버지의 사랑

술기운이 가득했던
아버지의 눈동자에서
사랑을 보았지만
못 본척했습니다.

녹녹하게 풀리지 않았던
인생 때문에
드러내지 못하는
아버지의 사랑을 보고도
못 본척했습니다.

남들처럼 따뜻한 말로
포근한 행동으로
보여주지 못한 사랑이
아버지의 눈동자에서
미련으로 변해갔습니다.

저승에 가셔도
그 미련을 고스란히
가지고 계시는지
어제 꿈에 오셔서
비빔밥을 해주셨다.

손

내게 내밀어 준
부드러운 손들을
전부 잊어버릴 때가 있어도
겨울바람에 퉁퉁 부었던
할머니의 손을 잊어버릴
때는 없었다.

나를 잡아준
따뜻한 손들을
모두 잊혀질 때가 있어도
겨울 바다에 꽁꽁 얼었던
할머니의 손은 잊혀질
수가 없다.

험한 일을 다 하면서
내 목숨을 지켜낸
할머니의 손이
내가 가야 할 길로
인도했다.

기 욱

본명 이기은
경북 포항 출생, 김포 거주, 월간 <한울문학> 시부문, 계간 <대한문학세계> 수필부문, 월간 <모던포엠> 시조부문 신인상 등단, 현대문학사조 문인협회 부회장 · 편집위원.
늘푸른문학 대상, 글봄문학대상 외 수상.
시집 『자귀나무 향기 1(우리함께 눈 먼 새로 살자)』, 『자귀나무 향기 2(날갯짓을 해야 삶이곱다)』 공저 『 한국 100인 명시선 外 50여 권

삶 짓기 外 4편

기 욱 (基旭)

낡은 아스팔트길처럼 해묵은 시어들은 모나지 않고 둥글다

피아노 소리, 타악기의 떨림에 올려놓으면
물방울처럼 통통 튀어 오르고 내리면서
절로 모따기 되어 거친 모가 사라진다

가끔 혈색 좋은 풍경의 품에 자유하게 시어들을 풀어 놓으면
투명한 열대어의 유희 같은 여린 몸짓에 취한 일상들을 볼 수 있다

절로 흥에 겨워 꿈길을 유영하듯 만든 꼬불꼬불한 언어
오늘 그 길에 내 마음을 슬며시 올려놓았더니
한 편의 시 닮은 오후가 고즈넉하다

오후의 자락에 이름 붙이면, 자판으로 세탁한 단정한 글귀로 테두리 하면, 창 너머 길 찾아 나선 계절은
붉디붉은 가을 입고 심호흡 하겠지, 낯설음을 배경으로 한 친근함과의 별리처럼

그렇게 흐르는 계절 위를 투박한 몸짓으로 구르다 구르다
동글동글 각 없는 시간이 되겠지
나의 삶 또한.........

호박넝쿨

담장 밖으로 쫓겨난 아이는
밤새 키를 늘리다
용수철 손톱으로 돌담을 움키며
바스러지는 흙벽의 시간들을 쪼개어
잎을 만들고 줄기를 만들어
그들의 무동을 타고
한 치씩 늘려가는 그의 무릎엔
성장판의 두께가 쓰나미처럼 일어선다
늘어나는 것에는 탄성이 있다
탄성으로 가늘어진 두께에
덧댄 바램의 부피는
햇살 도타운 초여름의 싱그러움이다
새벽이 흘린 이슬로 각진 피부마다
보습의 공정을 끝낼 즈음
몇 번이나 빠지고 나기를 거듭한
손톱 끝에 허공이 잡힌다
배밀이로 기다림을 쌓은 꽃잎이
수자폰의 성대로 깊은 울음 운다
밝힌 등롱 허기진 향수를 내려놓으며
꾸역꾸역 밀어 올린 원죄 앞에

덩그러니 남은 묵정밭 한 뙈기
인생무상이란 편액 뒤로 숨어든
탯줄 여며 삶의 날들을 묻어둔 곳간
철퍼덕 엎드린 무릎 아래
더는 쓸모없는 성장판의 통증 날카로운데
기댈 토담은 무너지고 없다.

틈새를 깁다

"새신사주세요"
"야 이놈아 보릿고개에 돈이 어딨노"
아비와 아들
좁다란 강을 사이에 두고 둑방길 한쪽씩 차지한다
얼핏 같은 방향인가 하면
강의 심보가 요동칠 때마다
나침반의 바늘 각을 키운다
길 따라 가다보면
오일장터
예약된 양지마다 목청 좋은 장사꾼
육자배기 한 틀쯤 뱉어내고 나면
걸쭉한 막걸리 한 잔 생각나는

옹기종기 둘러앉은 사람들 사이
나막신 닮은 쇠신발엔
외상을 치료하는 고무신짝들 외롭다
조그만 상처는 쉬이 치료되나
큰 상처는 한 땀 한 땀 통증을 기워야 한다

아침나절 아비와 아들을 이간질하던
타이아표 고무신 한 짝도
눈물 찔끔거리며 세월을 덧댄다
덧댄 세월에 투박한 평안을 그려 넣는
신기료장수 무릎에서
남자와 남자 사이 넓던 틈새가
조금씩, 조금씩 메워지고 있다.

동백 떨어지다

붉디붉은 향기 볼륨 높이는 동안
몽유병 앓던 남녘 바람
겨울잠을 털고 일어났나 보다

속절없이 지고 마는 향기, 향기여

불원천리 천근이나 되는
고백서를 지고 달려왔건만,

향기에도 부력이 있어
몸피를 부풀려선 안 되는데

해풍에 그리움인 양
한껏 볼륨을 높이더니
마파람에 업혀 간 설익은 이름

영원만큼의 깊이로 파인
되새김의 난도질 어찌하라고
허물어진 가슴팍은 또 어찌하라고

시들지 않고 떨어질 수밖에 없는
우렛소리 닮은 저 무성음.

곰소항의 그녀

곰소항 염전을 거꾸로 걷던
이젠 과거가 된 그녀
어둠에서 배어 나온 밝음 같은
자작한 오후 눈부신 화장
이름 하나만 알고 찾은 부안
짜지 않은 거리를 배회하다가
싱거워진 여백
간이나 맞출 요량으로 찾아 나선
곰소항 염전
오수에 든 하늬바람 덕에
게을러진 바닷물
곁에 누운 고깃배가
수채화로 그려놓은 정적
무꽃 맴도는 나비의 몸짓으로
유혹하는 잔물결
유년의 벗과 빼다 박은 미소
나풀나풀 흘리는 곰소항 오후는
그녀에 대한 기억만큼이나
투명하고 조붓하다.

김 미 경

1970년 천안 출생
2013년 <현대문학사조> 수필 등단
2014년 <현대문학사조> 시 등단
현대문학사조 문인협회 회원

민들레 홀씨 되어 外 4편

김 미 경

고운님 기다리다가
꽃으로 피어났을까
고운님 기다리다 못해 지쳐
이내 꽃이 된 건 아닐까

부르고 부르던
사랑의 노래를
고운님은 왜 몰라주는지
가슴에선
노란 눈물이 뚝뚝

눈부시지 않아도
언제나 한결같은 사랑인데

그리고 그리던
단 하나의 사랑인데

다시 홀로
세상을 떠나는 순간에는
고마운 이름 하나
가슴에 남겨지기를.

생일

열 달 동안
따뜻한 엄마 뱃속에서
단잠을 자고 있다가
세상 구경하기 위해
몸부림치다가
세상 밖으로 나와
첫눈을 뜨던 날
바로 오늘
내가 태어난 날
세상 밖으로 나온 것에
슬퍼서 울었을까
기뻐서 울었을까
나도 모르게 우렁차게
울음을 터트린 날
엄마도 울고 나도 울었던 날
그날이 바로 오늘
내가 태어난 날.

마음의 섬

모두가 떠나가고 없는
혼자만이 남겨진 외로운 섬
아프게도 몸부림을 쳤던 시간들이
가슴에 깊은 흉터로 남아 있다

고독에 잠긴 듯
슬픔에 잠긴 듯
홀로 바라보는 밤하늘
마음엔 휑한 찬바람이 일렁인다

오늘만큼은
눈물을 흘리지 않으리라
굳게 다짐했지만
그리움 하나
가슴에 깊이 남아
흐르는 눈물이 쉬이 마르지 않는
기나긴 밤이 되고 말았다

깊디깊은 어둠의 섬에도
그 속을 드러내고
밝은 새벽을 맞이하건만
내 마음의 섬은
언제쯤 동이 터올까.

천의 얼굴 오륙도

세찬 바람과 파도를 막아준다고 해서
이름 붙여진, 방패섬
섬의 꼭대기에 소나무가 자라고 있다고 해서, 솔섬
갈매기를 사냥하기 위해서
수리류가 모여들어서 붙여진 이름, 수리섬
섬의 모양이 뾰족하게 생겨 붙여진 이름, 송곳섬
섬 가운데 굴이 있고
오륙도중 가장 큰섬인, 굴섬
부산항의 바다와
바깥 바다와의 경계에 위치한 오륙도
동쪽에서 보면 여섯 봉우리
서쪽에서 보면 다섯 봉우리
바라보는 각도와 거리
사계절에 따라
천의 모습을 가지고 있는
아름다운 섬 오륙도
내가 하늘 아래 없어도
모진 세파에도
같은 자리 바다 위에 우뚝 솟아
천년만년 고귀한 자태로

불멸의 생명으로
살아 숨 쉬고 있을 오륙도
내가 너를 한 번만이라도
내 품에 안아보고 싶구나.

흐르는 세월은

아무런 의미도 없이
스쳐 가도록 내버려 둔 시간들이
지금은 마음 아리게도
내 마음에 멈춰 서 있다
낮은 신음으로 토해 내는
긴 한숨마저 애처로울 뿐
지난 시간들 속을 서성거리는
그림자가 되어본다 한들 무슨 소용이 있을까
애써 확인하지 않아도
살다 보면 삶이란 것이 이렇게
저절로 알게 되는 날이 오는가 보다
마음에 차가운 바람이 한바탕 몰아친다
마음은 언제나 그 자리 같은 빛깔인데
흐르는 세월은 야속하게도 나를 옭아맨다.

김 미 화

2014년 현대문학사조 시 등단
2015년 국보문학 수필 등단
한국문인협회 회원
현대문학사조 문인협회 회원
영남 문인회 정회원
초아 통신테크 대표
경진기업(주) 부산녹산 공장 지사장
부산시여성자전거회 회장

나 어릴 적에 外 3편

김 미 화

아주 옛날 옛적에
울 엄마 손 잡고 따라가서
강원도 첩첩 산골에 나의 고향을 만들었다

흐르는 맑은 냇가에서 목마르면 물 마시고
배고프면 개구리 잡아 구워 먹고
심심하면 이리저리 쫓아다니며 메뚜기 잡아
냄비 뚜껑 닫고 한번 슬쩍 덖어준다
몇 번 저어 주면 요즘 가장 비싼 술안주
메뚜기 일품요리가 된다.

냇가에서 고기 잡아 어탕도 만들어 먹고
양조장 가서 막걸리도 사 오고
어른들이 마시는 막걸리 안주를 날름날름 삶은 계란도 먹고
옛날 옛적에 먹던 잊을 수 없는 일품요리의 그 맛을
지금은 어떤 음식을 먹어도 찾을 수가 없구나.

이상은 높게 현실은 낮게

가장 성스러운 새하얀 드레스
늠름히 넘쳐 자신감에 씩씩한 장군의 기백으로
만인들에게 혼인 서약서를 낭독한다
배려하는 마음으로 아내를 위해서 살겠습니다
존중하는 마음으로 남편의 자존심을 지켜 주겠습니다

하객들의 코웃음 소리가 여기저기 들려온다
살아봐라 그게 그리 잘 되는지....
나도 첨엔 다 그런 마음으로 시작했지만 지금은 아니올시다
살다 보면 이상은 땅에 떨어지고 현실은 다락같이 높아지더라

하객들의 한결같은 이구동성이 주변을 웃음바다로 만들어준다
귀여운 새신랑. 신부의 이벤트로 하객들도 덩실덩실 흥이 나니
한 달에 몇 번씩 나가는 축의금으로 무거웠던 마음이 절반은
보상받았다

노천탕

숨이 막히는 뽀얀 수증기 속에 어질어질 현기증이
나를 자꾸 비틀거리게 한다
저쪽으로 가야 하는데 지붕이 바닥에 있는 것 같아
발을 움직일 수가 없네
내가 발을 내 딛는 순간
이 목욕탕이 우르르 무너질 것 같다

순간 내가 홀딱 벗은 몸으로
시멘트 잔여 속에 깔려있는 상상과
구조되었을 때 낯 부끄러운 그림을 생각하며
창피한 마음에 정신을 차리려 애를 쓴다
아주 조금씩 발을 밍그적 거리며
찬 공기가 통하는 곳으로 발을 밀고 나간다

휴~~ 이제 살 것 같다
조금 전 상상했던 얄궂은 그림들을
이태리 타올로 빡빡 다 지워버렸다.

수필

기다림을 잃어버린 시간

김 미 화

문명의 발달로 인해 편리성은 극에 달하고 사람의 노력과 민첩성은 분야별로 발달이 되기도 하지만 가끔은 특정 분야에선 점점 퇴보가 되어 게을러져 가기도 한다

예전의 소식통은 붓글씨를 써서 하인이나 머슴한테 길을 떠나라고 명하고 걷고 또 걸어서 한 달이고 두 달이고 지난 시간 후에 전달을 하고 답을 받아 돌아오던 시절.

몇 날 며칠이 걸리는 시간을 많은 조급함이 없이 발을 동동거리며 그저 그렇게 기다림으로 당연하게 받아들였다.

전보라는 게 생겨서 급한 소식을 알리던 그때만 해도 빠르고 신기하다고 생각했었다.

요즘 아이들은 전보의 개념을 이해할 수나 있을까?.

지금은 전화기 하나로 하루에도 수십 번씩 전 세계를 들락거리며 세계의 정보를 두루 공유하면서 많은 지식의 훌륭한 인터넷 선생님으로 인해 우리의 지식도 나날이 똑똑해져 가는 반면에 기다림의 미학은 없어진 지가 이미 오래 되었다.

학창시절 펜팔을 하면서 글 한자 한자 처음부터 끝까지 같은

글씨체로 어깨와 손목이 아플 만큼 온 정성으로 써서 침으로 우표를 붙여 우체통에 넣고 3~4일이면 받아 보는 이에게 벌써 답을 기다리며 우체부 아저씨가 들고 오는 편지를 매일 마음 설레이면서 기다림만으로도 즐거워했던 시절.

직사포와 같은 빠름의 경쟁 속에 살아가면서 사람들의 성격 또한 급하게 변하니 “참을성 결여” 란 병에 걸린 한국인들..

외국에 가면 한국말을 못하는 현지인들도 "빨리빨리" 라는 단어를 정확하게 구사하곤 하는 걸 보면 한국 사람들의 급한 성격은 이미 통용화 된 단어인 것 같다.

나 역시 급한 성격 때문에 속병이 생기기도 했지만 ‘빨리’ 라는 단어와 마음의 행동과 변화가 빛의 속도 만큼이나 빠름으로 인해 사람들의 후덕한 인정 역시도 더 살벌해지는 것도 무시할 수가 없을 듯하다

해방이 되고 그 후의 모든 게 불편했던 시절 만약 그때의 불편함을 다른 이유로 지금 다시 겪는다면 우리는 잘 버틸 수 있을지.

현실에 적응을 가장 잘하는 동물이 인간이라는 말도 있지만 과연 우리는 얼마나 잘 참고 이겨낼지 조금은 궁금하기도 하다.

그러잖아도 “빨리빨리”라는 단어로 유명한 한국인들에게는 최악의 고문이 될 듯하다.

문명이 발달한 만큼 사람들의 인내력은 바닥을 치고 있다고 해도 맞는 말이다

과거로 돌아가는 타임머신이 있어서 그 시절에 우리가 다시 살

아간다면 아마 모두 단명하고 말 것이다.

아~ 불편도 적응하면 편리로 변할 수 있는 인간의 적응력도 대단하다는 생각이 든다.

요즘 편지를 우체통에 넣으면 일 년 후에 배달이 되는 느린 우체통이 몇 군데 생겼다고 한다

일 년 후 받아 본 편지를 읽으며 일 년 전의 내용을 기억할 수 있을지.

직사포처럼 스쳐 지나가는 빠름의 잔영들이 느림의 미학을 이해 할 수는 있을는지.

컴퓨터의 출현으로 인해 손편지의 느림에 반전의 역할을 했던 메일을 보내면서 그것도 빠르다고 신기해했던 게 그리 오래되지 않았던 기억인데 빠르다고 생각했던 그 메일을 지금은 문서나 사무용으로는 쓰기는 하지만 소식 전하는 용도로는 이미 인기를 잃어버린 듯 벌써 뒷방 늙은이 취급을 받고 있다.

휴대폰 문자 역시 엄청 빨라서 신기하던 게 그리 오래되지도 않았던 것 같은데 지금은 카카오톡으로 밀려났다.

급하게 주고받는 문자나 카톡은 단어를 짧고 간단하게 하면서 상대한테 말을 전달해야 하니 그것도 문장력 구사에는 큰 영향력을 주는 건 아닌지 엉뚱한 생각을 잠시 해 본다.

글을 바로 보면서 대화를 할 수 있는 빛의 속도들..

그래도 난 아직도 메일을 좋아한다. 내 마음을 거짓 없이, 여과됨 없이 나의 속마음을 느긋하게 얘기할 수 있는 통로이기 때문에....

우리의 손가락 놀림 역시 날로 일취월장 하고 있는 것도 사실이며 엄지족의 대단한 손가락 민첩성 또한 세계 으뜸인 것이다.

앞으로 또 어떤 빠름이 기다리고 있을지 눈만 뜨면 달라져 있는 오늘과 인공지능이 인간의 두뇌를 앞질러 가고 있는 지금 인간이 만든 인공 지능에 인간의 두뇌가 못 따라가고 있으니 참으로 아이러니하다.

생각도 못 했고 상상도 안 되는 일들이 현실로 이루어지는 오늘 내일은 또 어떤 세상이 우리를 기다리고 있으며 또 얼마나 놀라게 될지.

요즘은 손편지가 귀하고 신기하고 고마운 느낌이 드는 건 느린 미학을 기다리고 있는 건 아닐지. 오늘 밤엔 누군가에게 장문의 손편지를 시도해 볼 생각이다만 나 역시 빠른 걸 좋아하고 급한 성격에 그게 잘 될까 의문이기도 하다.

김 형 풍

1936년 충남 아산 출생
1957년 신협극단 데뷔
유치진 선생 작 이해랑 연출

「한강은 흐른다」 데뷔작으로 명동 시공관에서 공연
<現代文學思潮> 등단
현대문학사조 작가회 고문
詩텃밭문학회 고문

시집 『내 마음속의 또 다른 나』
공저 『하루를 열며』 외 다수
E-mail : hyeongpung9197@hanmail.net

종합병원 外 4편

김 형 풍

12월 초 어느 날인가,
시를 쓰기 위해 태어난
막역한 친구 노 시인이
모 종합병원에서 만나자기에
병원에서 만났는데
그때 그 친구 말이
자기를 가리켜 종합병원이라고 했다
심장수술 두 번에, 허리 다리
어디 안 아픈 데가 없다면서
그날은 전립선 때문에 비뇨기과
진료 예약이 되어 있다고 했다
종합병원 환자가

종합병원에 진료차 다니는 것이다

종합병원에 가보면
여러 가지 병을 갖고 있는 사람 스스로가
자기 자신이 종합병원 환자라고 하는 환자들이
북적거린다

어느 날, 영화감상 도중에
가슴 한가운데가 몹시 아프고
어지럽고 숨쉬기가 답답해
죽을 것만 같았다

15년이 넘는
단골의원에 들렸더니
협심증인지 뭔지
그 이유를 알아보기 위해
종합병원에 가야 한다며
의뢰서를 작성해 주기에
종합병원 심장내과에
접수를 했으나,

예약이 밀려있는 바람에
일주일 만에야 예약되어,
CT / MRI 촬영차
종합병원에 들렀더니,,
닝겔병을 매단 채
휠체어 탄 환자들이

여기저기 보이고
환자들과 그 가족들
그리고 병문안 온 사람들로
복도를 가득 메웠다

CT 촬영실 접수대
몇 가지 주의사항을 듣고
가운으로 갈아입고는
촬영실로 들어섰다
찾기 어려운 혈관을
더듬으며 가까스로 찾은
혈관 부위를 손바닥으로
톡톡 치더니 몹시 아프다며
엄포를 때린다.
단번에 주사바늘을
혈관에 꽂은 체로
큰 터널 속으로
내 몸둥어릴 밀어 넣는다
- 숨을 들어 마시세요,
- 숨을 멈추세요,
서너 번 반복하더니

발끝에서 가슴을 통해
머리끝까지 온몸이
열이 올라 화끈거린다
주사약 때문이란다

멀쩡했던 내가,
아니,
지금도 겉으론 멀쩡해 보이는데
나 또한 종합병원이 아닌가,
후경골건부전증(발과 다리 쪽)에,
당뇨에 고혈압에, 전립선비대증에,
어지러움증에,
다섯 가지 이상 약을 복용하고 있으니
나야말로 그 친구 못지않게 종합병원인 것이다
곱게 살다가 가야만 할 텐데,
내가 종합병원이 될 줄이야…….
종합병원에 다니다 보니
온통 종합병원 환자들이
종합병원에 다니고 있는 것이다.

글보다 사람이 먼저다

사람 나고 글이 생겼지
글이 사람보다 먼저 생겨났나

요즘, 글쟁이들이
마치,
사람보다 글이 먼저인 것처럼
행세를 하고 다닌다

언제 등단했느니,
몇 년 차가 되느니
껍죽거리면서
목에다 힘을 주고
뻣뻣하게 구는 꼴이라니
참으로,
눈 뜨고는 못 봐주겠다

자칭,
글 좀 쓴다는 사람들이
고개 숙일 줄도 모르고
손 위도 몰라보고
까불거리는 꼴이라니
참으로 볼썽사납다
어디 그래서야 쓰겠나?

설레는 마음

처녀시집을
세상에 내놓고
후유 안도의 한숨을
내뱉는 것이 아니라
설레는 마음은
어인 일일까,

이미,
내 품에서
세상에 내보내진 것은
부족한 대로
그런대로
견디어낼 수밖에,

첫애를 낳는
엄마의 설렘이
바로 이런 걸까,
더 다듬고 다듬어서
윤이 나도록 다듬어서
세상에 내놓을 것을,

보신각의 종소리

해마다
이맘때가 되면
새해를 맞는
그 찰나에 맞춰
보신각의 종소리는
온 장안에 울려 퍼지고
온 나라 TV 앞에선
술잔을 높이 들어
초읽기로
목청 높여 외치며
바뀌는
희망찬 새해를 맞이한다

하늘과 땅 사이를
뒤흔들며
새해가 열리는 순간에
보신각 종소리는 울려 퍼지고
추위를 잊은 채
수많은 시민의 환호가
동시에 와아아!
새해를 맞는다

황혼의 아름다움

바다를 붉게 물들이며
수평선을 올라타고
눈부시게 솟아오르는
찬란한 태양처럼,

넘어가는 석양도
아침 햇살 닮은꼴로
황홀하게
어둠 속으로 묻히는 것은
떠오르는 태양 곁으로
되돌아가기 위함이니,

인생의 고향
자연을 향해
마지막으로 찾아가는
황혼 역시
아름답게 떨어지는
석양처럼
곱게 마감돼야만
하느니라

선 재 김 희 영

(사)창작문학예술인협의회 대한문학세계 시 등단
(사)창작문학예술인협의회 정회원
현대문학사조 문인협회 부회장
2014년 (사)창작문학예술인협의회 올해의시인 상수상
2015년(사)창작문학예술인협의회 올해의작가상
대한문학세계 순우리말 글짓기 동상
아트 TV 동영상 인터뷰
명인 명시 특선 시인선 2회
2015년 현대문학사조 작가상 대상
개인저서: 『시간 속에 갇힌 여백』 출간
동인지: 『시심을 담은 항아리』 외 7권
E—mail: kimheey19 @hanmail.net

상수리나무 外 4편

선 재 김 희 영

할아버지 산소 가는 길목에
상수리나무가 길 양쪽으로
줄지어 서서 저마다 뽐내고 있다

할아버지 돌아가신 해에 정성껏
심어놓고 돌보시는 아버지의
사랑으로 건강하게 자란다

사람들이 지나가다 가지를 흔들고
발로 나무를 차고 나의 키 높이쯤
나무마다 날카로운 연장으로 찍었는지
흠집이 여러 군데 흔적으로 남아있다

가을이면 산속을 흔드는 메질 소리
도리깨로 타작하듯이 후려치고
가지를 흔들어 상수리 알을
내어놓으라고 매질을 한다

나무의 멱살을 잡고 흔들고
연속으로 떡메에 얻어맞으면
우수수 품 안의 자식들을 놓아주고
비틀거리며 잎마저 떨군다

살점이 떨어져 나가고
껍질이 벗겨져 진액은
눈물로 흘러내린다

눈물을 빨아먹는 벌과 딱정벌레
사슴벌레들이 모여 수액을 빨아
먹어도 상수리나무는
할아버지처럼 묵묵히 버티고 서있다

고요한 숲 속에 다람쥐들이
겨울 양식 모으고 사람들은
자기 욕심대로 상수리 알을 가져간다

참된 사랑

댓가 없는
사랑을 하게 하소서
보상 없이 섬기는
마음이게 하소서
알아주지 않더라도
고난의 길 가게 하소서

나를 잃어 그를 위로하며
나를 쏟아 축복게 하소서

나그넷길에 슬픔 많이 참으며
참된 댓 가를 지급하며
부당한 고통당하여도
원망하지 않고
주어진 길 가게 하소서

비참하고 외롭더라도
동정이나 도움 구하지 않고
앞길이 얼마나 남았는지 몰라도
뒤돌아보지 않고 나가며
생명 샘물이 되게 하소서

* 워치만니 작사 찬송가 인용

목련꽃 그늘

사월 어느 날
가슴에 파고드는 바람으로 와서
꽃향기 품고 떠나버린 사람.

지친 그리움으로
하얀 미소 벌어진
목련꽃 그늘에 앉아
휘파람 소리를 듣는다.

눈을 감으면
볼에 닿는 따뜻한 온기는
바람의 연정 이런가
그대의 젖은 웃음 이런가
공허함에 슬픈 약속 이런가

문득 올려다본 하늘엔
그리움의 얼굴인 양
파르란 웃음 머금은 꽃잎 하나
사월 봄 여울로 떨어진다

꽃마리 꽃

돌돌 말린 그리움 이련가
꽃송이 하나에 서러움 담고
맑은 웃음으로
바라본 하늘은
시린 외로움이었다.

분홍빛 설렘 품에 안고
화사한 햇살에
활짝 웃어보지만
찾는 이 없는 시린 하늘빛 꽃잎

지나는 발걸음 좇아
마을에 내려와
천덕꾸러기 잡초로 짓밟히고
기다랗게 목 뺀 외로움
바람의 발길에 채인다

호젓한 골목길에
햇볕도 들지 않는 창가
벽에 기대선 그리움
서산에 넘어가는 붉은 태양만이
파란 꽃잎에 앉았다.

그리움

머리에서 가슴으로 내려앉은 그리움
심장에 불 지핀 사랑도 아닌데
시리도록 아픈 이 그리움
사노라면 잊힐까

해를 잃은 해바라기 되어
어둠에서 고개 숙인 채
갈 곳을 잃어버렸다
바람이 어깨를 툭 치면
눈물이 흐를 것 같은 깊은 수렁
칠흑 같은 어두운 밤길에
불 꺼진 창문을 두드려봐도
대답은 먼발치서 서성거린다.

봄 햇살 살포시 머문 자리
이끌어 주던 손길은 스러지고
싸늘한 미소만이
서리 내린 벤치에 앉은 서러움

인연의 끈 놓지 못하고
북극성을 찾아 오늘도
마음의 바다를 표류한다.

나 상 국

아호는 초암草岩, 충북 괴산군 연풍 출생
<현대시선> 등단
『고장난 시계』 등 다수 발표
현대문학 사조 문인협회 홍보국장

막차 外 4편

나 상 국

바람이 휑하니 휩쓸고 간
강촌역에서
막차를 기다리며
조급증을 애써 누른다

벽시를 읽는다
낯설거나
낯익은 시인들과
눈 악수를 나눈다

기다림은 지루하다던데
시의
뼈와 살을
발라내고
다시 퍼즐게임을 하듯
끼워 맞추며
느낌을 되새김 하려 할 때
막차가 바람을 몰고 달려와
함빡지게 입을 벌린다

차마 놓칠까 봐
미처 인사도
못 나누고
나는 벌의 날개짓으로
몸을 싣고
그곳을 떠나왔다

시골 고향 집

꿈에서도 잊지 못하는
산이 병풍처럼 둘러쳐진
햇볕 바르고
달빛 제집인 양
날마다 찾아들던
새들의 낙원

늙은 감꽃이
함석지붕 위로
장독대 위로
함박웃음 지며 떨어져
목에 손목에 길게 걸려
하하하 소리 지르며
뛰어놀던 곳

검은 대나무 숲
청아한 파란 바람으로
흔들리던 마당 너른 집
어제도 오늘도
내일도
열두 살 내가 살고 있는 집

지금은 없어진
미루나무 작은 신작로 따라
어깨에 둘러멘
도시락 딸그락거리며
달려가고 싶은
그립고 그리운
시골 고향 집

지금은 남의 집
그래도 가고 싶은
어머니 자궁 같은 집

내 마음 머물 곳

달빛 그네를 타는
산 아래 첫 동네
개울 건너
열넷 들뜬 순정이
팔딱거리며 뛰어놀던
외딴집

코끝에 진하게 묻어나는
들국화 향 찾아
벌과 나비가 날아들고
그 풍요롭던
가을은 떠나고
허전한
내 마음의 수차도
멈춰선 곳

참새가 방앗간을
지나치지 못하듯
바람구멍 숭숭 난
허수아비의
가슴 드나들며
뻴쭘하게 웃는다

목소리 잃은
내 마음의 풍금 소리
굳어진 손가락을 튕겨보지만
공허해진 메아리
되돌아올 줄 모르고

낮과 밤은
계절은 변함없이 돌고 돌지만

쪽박을 차듯 허해진
내 마음 머물 곳 어딘가

성추행

그대들
내 마음의 상처
눈물을 아십니까

그대들 손이
머리 어깨
허리
엉덩이
무릎
스치기만 하여도
소름이 돋는
엿 같은 기분을 아시나요

취중이라 기억이 안 난다고요

술은 입으로 처마시고
그 입은 안주를 씹듯
너만을 사랑한다느니
같이 자고 싶다느니
능변의 유혹을 토하고

손놀림은
뱀의 혓바닥 놀림처럼
날렵하게
온갖
엉큼함으로
짓밟아대니

저항할 기력마저
억압당한 체
짓밟힌 자존심
어찌해야 합니까

그대들
집안의 고이 모셔놓은 보석을
애지중지
귀하게 여기신다면
다른 보석에
눈 돌리지 말고
정성을 다해서
진심으로 섬기세요

마음의 병

하루의 해가
뉘엿뉘엿 서산을 넘으며
미련이 남은 듯
멈칫멈칫 가는 길
아쉬워할 때
내 마음은 탈출구 없는
생각의 긴 터널 속에 갇혀
우두커니 망각의 강을
헤맨다

가슴 속 모난 돌을 섬기며
각을 맞춰
원을 짜 맞추기보다
손 놓고 앉아
각이 무너지기만을
기다렸는지 모른다

참는 게 이기는 것이라고
안으로만 삭이며
바깥으로 표출해내지 못해
곪아버린
나약한
빈 껍데기
언제쯤 마음의
빗장을 풀 수 있을는지

민 병 영

아호는 歌絃
움터영상문학 시부문 부회장
강남시인대학 시창작 강의
현대문학사조 문인협회 회장

한 그루 나무 심어 外 4편

가 현 민 병 영

1.
화산재 분분하고 용암이 넘쳐나도
어느 켠 한 자락에 푸른빛 움을 트고
푸르러 사십육억 년 그 세월이 희떱다

2.
돌 하나 풀 한 포기 저마다 이치 심어
무구의 세월 동안 더불어 살자는데
어이해 공든 세월을 해체하려 하는가

3.
황폐로 질주하는 무의식 이기주의
지금은 좋을지나 나중은 어떠할까
부메랑 당연한 이치 어찌할꼬 진실을

4.
한그루 나무 심어 칠칠히 키워놓고
푸르러 신선함에 고마워 편할 공간
낙원이 여기로구나 우리 모두 만드세

슬픈 인연

잔잔함 일던 파도 조용히 어루만져
한사코 인연이길 목놓아 빌었는데
아직도 몰라하시니 야속함만 쌓이네.

한때는 거품 물고 산처럼 일어서서
넘어져 쓰러지고 스러져 부서져도
모른다 등 돌리시니 지워지는 고운 정.

아직도 남은 미련 제게는 독이 되고
아픔도 같이하고 나누던 기쁨들도
이제는 상처가 되어 제 가슴을 할켜요.

지난날 쌓은 정분 잊어야 하겠어요
많이도 설레이던 고마운 손길들도
뒤돌아 한 될지라도 인제 그만 잊어요.

꿈 많던 그 자리를 떠나야 하겠어요
아직도 못다 한 연 파도로 출렁이고
하얗게 물거품처럼 부서져서 울어도

두정심

달빛 하늘 아래
둥근 것이 몇이나 될꼬
손꼽아 헤아려 보니
과연 달아 너 뿐이노라

두정 마음에 담아
반쯤 걸린 달빛에 비춰보니
모를 것도 알 것도
이제사 믿음이려니

오누이 같은 살가운 정
뉘 마다하리요
더불어 가는 길
저 밤 달이 쏟거든

일러 말하길
友여, 임恁하옵길
행여 잊기도 전에
月둥금도 못지않으리

오늘을 벗고 내일이 오든
내일을 비켜 글피가 되든
살가운 그 정
되풀어 같지 않으리

몸베

하얀 무명 앞치마
잘룩한 허리에 질끈 동여매시면
세상은 쉬이 무릎을 꿇었었지

아랫자락 걷어 올려 감싸 쥐시면
내 허기진 배의 채움을 주는
신기의 보자기가 되었고

왼쪽 뒤집어 감싸 쥐시면
내 손수건이 되었다가
어느새 얼굴 씻어주는 수건도 되었지

때로는 머리에 뒤집어쓰고
요술처럼 숨어 사라지는
마술의 보자기도 되였건만

그러나 지금
잘룩하던 허리는 간 곳이 없고
하얀 무명 앞치마 또한 없다

펑퍼짐한 몸배바지
그 얇은 무게 하나로도
뒤뚱뒤뚱 힘들어 굽어보시는 모습

내 마음 훌쩍이는 소리 따라
저 험한 세상 속으로
어머니라는 이름이 걸어가고 있다

들꽃 2

염염(念念)이 하늘(天)에 닿아
한줄기 바람처럼 나선 곳
어쩌다 흙냄새도 없는 곳에 둥지를 틀고

삼복 그 뜨거움을 삭히다
동지 긴긴밤의 북풍을 녹이던
모질음 이겨내고 싹을 틔웠나니

밤이슬의 처연함을 마시고
흐르던 바람의 흙내음으로
외로움 안고 저 혼자 피어났다

박 길 동

아호 : 우솔
현대문학사조 시 등단 (2014)
현대문학사조 문인협회 정회원
영남문인회 홍보부장

공저 : 『시나브로』 2. 3. 4
제3. 4. 회 시화전 참여(영남문인회)
이메일 : dong5960796@hanmail.net

봄에 꽃이 피다 外 4편

우솔 박길동

봄꽃이 화려하다

가슴이 벅차 옴을 너도나도

그 이유를 말하지 않았다

나는 네가 좋음을 어찌하랴

내가 꽃을 좋아하는 이유는

봄이기 때문이다

봄에 너를 보는 것으로

진정 행복하다

산에서 꽃이 피고 바다에서도

하늘에도 꽃이 핀다

침묵 바람의 여정

어제와 오늘은
분명 다르다

같은 공간에서
닮은 순간의 연속

반복되는 뫼비우스
공간에 갇혀있다

너와의 인연은
삶에 설렘을 준다

그 소중한 인연
마음 밭을 이루며

산 까치 노래하는
뒷동산을 바라본다.

그냥 좋아

그냥 느낌이 좋아
설명할 수 없다.

너와 나, 세상을
같은 마음으로 보는 것

같이 행동하고 같은 공간에서
같은 꿈을 꾸어 본다

간혹 생기는 알 수 없는
이유로 체기를 느끼며

마음을 담지 못할 때
그냥, 이라고 하자

사계절이 말없이 지나가듯
그리 지나가리다

깨어 있는 고요함

내 마음에 제비꽃 물까치
살고 있습니다

오래 묶어뒀던 물까치
불씨를 피워준 제비꽃
그들이 날 웃게도 합니다

그들이 있어서 행복합니다

살아가는 의미인 제비꽃 물까치
하루하루 살아가는 원천인
그 들을 사랑합니다

내 삶의 행복을 주는
그 들을 사랑합니다

화려한 비상

어느 날
작은 새 한 마리 날아들었다

길잃은 새려니
창문을 활짝 열어 출구를 만들어 줄밖에
내가 할 수 있는 것이 없다

다가가면 구원의 손길도
거부하기에 무사히 나갈 수 있길 바라며
사방 창문이 열려있는지 확인하고 자리를 떤다

그리고 이내 잊혔다

얼마 후 작은 움직임과 함께
벌레를 입에 문 어미 새 한 마리 바삐 움직인다

아. 그랬다
그때 잘못 날아든 새가 아니라
알을 놓을 안전한 보금자리를 물색 중이었다

그 사이 복도 후미진 곳에
알을 놓고 부화 중이었다

어느새 부하가 된 새끼 새들이 노란 입을
마치 튤립 꽃잎 벌어지듯 입을 벌린 채로
크게 더 크게 지저귄다

이제 보니 어미 새만 오가는 것이 아니다

아빠 새와 엄마 새가 바삐 오가며
벌레를 물어 날랐다

그리고 복도를 지날 때마다
새끼 새를 확인하며 지나게 되고
가끔은 궁금도 하여 일없이 오가기도 했다

아.
그런데 오늘은 새끼 새가
쑤욱 자란 모습으로 둥지를 벗어나
오락가락한다

아마도 곧 날게 되겠구나 싶은 생각으로
점심을 먹고 오니 넓은 복도에
엄마 새 아빠 새 그리고 새끼 새가 있다

창가 끝에 아빠 새
복도 끝에 엄마 새
창가로 다가가는 새끼 새

아.
뭐랄까? 감동으로 와 닿는다

우리의 움직임에 어미 새 아빠 새는
놀라 창밖으로 날아간다
새끼 새 혼자 멀뚱거리니.

그래 엄마 아빠 곁으로 가거라
살며시 잡아 창밖으로 보낼 셈이었다

그 찰나 작고 작은 새끼 새의 비상
그렇게 새끼 새는 엄마 아빠 품으로 향했다

이제 남은 새끼 새 세 마리

그날 눈으로 보지 않고서야
믿기 어려울 정도로 한 마리씩 한 마리씩
세상 밖으로 날아올랐다

물론 엄마 아빠의 인도대로.

나 역시 인도하심이 있어 여기까지 왔음이리라
또한, 인도하심대로 가리라

아이야 너도 조만간 날개를 달고
화려한 비상을 하기를 기대해 본다.

박 상 철

海心 박상철
계간 현대문학사조 신인당선(2014년 여름호)
한국문인협회 회원
전남문인협회 회원
완도문인협회 회원
공저: 『시인의 정원』 4,5,6,8,9,10,11집
현대문학사조 작가회 총무
현)해초섬전복해물나라 대표
이메일:psccn@naver.com

어부의 시 外 4편

박 상 철

잠에 취한 해무가
포구에 걸리고
여명으로 돛 다는

만선의 소망이
어부의 익숙한 손끝에
그물로 빚어지고

검게 그을린 미소
막걸리 한 사발에
하루가 담긴다

아버지의 사명감으로
닻줄로 내려뜨린 긴 날들은
별똥을 따라가고

주름진 이마 위 백발은
수평선 멀리 달려온
갯바람 친구가 되었다.

일출의 꿈

잃어버린 날 가슴앓이로
긴긴밤을 지새워
그리움에 몸서리치더니

샛별 숨결에 붉어진 미소
단미의 속삭임처럼
윤슬의 설렘으로 반짝이고

금빛 아라 위 사뿐히 안기어
춤을 추는 해님의
춤사위에 취한 나는

오늘도 초아의 꿈으로
아름다운 세상에
희망의 배 띄웁니다

산에서 만난 섬

풀과 나무 가시넝쿨 사이로
빼 꼼이 하늘이 보이고
고목 위로 올라탄
마삭줄의 곡예가 재롱스럽다

칡넝쿨 밧줄 삼아
붉은 열매 농염한 미소
산객 유혹하는 명감나무
헤치고 올라선 능선 바위틈
엄동의 칼바람 피해
잎 틔운 백리향이
코끝에 춤을 추고
동한기 극기의 상징으로
불끈 쥔 권백의
의지가 돋보인다

소나무 사이로
물 위를 걷는 섬들은
선바람에도 곱기도 하다
금빛 따사로운 바다
섬들은 여우별 같은
봄기운에 산보를 했다

산너미에는

에움길
산줄기 따라
땀내 섞고 뒹굴며
오르고 또 오른다

정상에서
굽어볼 풍경이
아름답기만을
바라지 않는다

산너미
마을은
굴뚝에 연기가
피어오르지 않았다

안골
무지개는
일곱 빛깔만이
아니었다

여태
오만한 편견으로
눈동자만 한
세상을 살았다

태양의 사랑

산통 훔쳐낸 아름다움

억겁의 잉태로
영원이고픈 열망

곱도록 붉은 빰으로
눈물 머금게 하는

오랜 따스함이
온 바다 가득
너울진다.

배 진 수

전북 익산
익산시 마한축제 여성 백일장 시차하 입상
익산 봉황 문학 회원
2015 현대문학사조 시 등단
현대문학사조 문인협회 회원

바람 · 1 外 4편

배 진 수

자유이던가
감추고 싶은 헝클림이라던가

오직 살아 있는 몸짓을
뱉어내었을 질주겠는데

가끔은 보라
길 너머 지나온 자리
그림자 없는 곳이 떠도는걸

너의 작은 자랑으로도 쓰러져
누운 갈잎들마저
흔드는 걸 보라

피어나는 날

꽃은
오늘 피어나서
내일 진다

세월은
오늘 피어
어제로 진다

오늘
피어 나는 날에는
빛살 한 올까지도
그저
피우게만 하자

비

함지박에 콸콸 쏟아 내는 걸 보면
천상에도
물이 고이고 있다는 거지
천상의 물은
고이고 고이다 넘쳐
여기로 내려온다는 거지

수줍은 소녀는 첫사랑을 전하고
사랑 잃은 어느 님은
강기슭 어디쯤에서
우뢰의 물소리에 묻힌 채
밤새 목놓아 울었다는 거지

가끔은 천상인들
겨운 옛일을
아무도 모르는 어딘가에서
죄다 쏟아 버리고 싶은 게지

일상

팔랑개비 돌다가
먼 풍경소리
울다가 그치다가

아무 일 없는 땡볕 하늘
소나기 구름
한 움큼 위태로이 지나가고

세월은
객이 되어
그러이 망초꽃 흔들어
여름만 빙빙 돈다

흰 눈 내리는 날

창밖에 흰 눈 내려
쌓이는 눈 아래 고뇌의 세상
다 묻혀 지고
꿈결의 기억 한 닢
향수처럼 공중을 맴돌다
하얀 티끌로 내려앉는다
젖은 발자국도 그 아래로
잠이 드는가

가슴을 쓸어 길을 열어도
금세 지워져 버리는
경계의 헛됨 속으로
새들의 깃조차 찾을 수 없이
흰 눈 소복이 내려 쌓여

태고의 어느 한 날이
기별도 없이 내려와
오래된 몽환 속에서 떨고 있는
잃어버린 나의 태고
목화솜 이불로 덮어 준다

서 용 호

연세대학교 대학원 경제학석사
미국 앨라바마 베다니 신학대학교 철학박사
현대문학사조 등단
현대문학사조 문인협회 회원

는개 비 外 4편

서 용 호

오는 듯 안 오는 듯
속옷 촉촉이 젖어들지요
색깔은 없는데 온 들에
연두 노랑 빨강 하얀빛
물이 드네요
마른 가지에서 돋아난 새순
몸 숨기고 손부터 내밀지요
개나리 진달래 앞세우며
임에게 순결 받치려 하네요.

바람 · 1

온몸 던져 잡히는 것은
제 마음대로 흩어 놓는다
꽉 잡고 싶어도
돌아보지 않는다
올 때는 아는 척 인사하는
훌쩍 가고 나면 홀로 남는다
바람이 불어오더라도
바람이 가더라도
스쳐 간 인연처럼 적막하다.

돌 1

고을의 명운을 좌우하는
동구 밖 웅대한 바위
손바닥 비벼 소원 성취 빈다
길손을 돕는 이정표
가문을 빛내는 공로비
성묘할 때 정성을 올리는 상석이다
깊숙한 산에 큰 돌
그 밑에서 샘솟는 맑은 물
발원이 되어 작은 돌 돌고 흘러간다.

물

더 낮게 눈을 내리깔아야 갈 길을 본다
굽이굽이 비켜주는 겸손이 꿰뚫는 힘이다
졸졸 흘러내리는 수고로움이 여울 되는
모이고 만나는 물줄기들 개울로 흐르는
어떤 말을 주고받을까
강울 이루어 행진곡 부르며 바다로 향하는
살아 있는 생명 근심을 덜어준다
강에서 생계를 이어가는 주민
행복을 보호받는 자연의 고마움이다.

겨울 플라타너스

거리가 집인 플라타너스
하얀 눈옷 입었네
가로등이 이웃하고 있어도
푸른 잎 풍성하던 가슴
떠난 사랑을 기다리고 있다
눈 덮인 밤 깊어갈수록
아직 너의 가슴에는
절절한 만남과 이별 삭힌다.

청운 **송 종 근**

동국대학교 졸업
91년 「시문학」으로 등단
한국문인협회 회원
현대문학사조 문인협회 회원

2007년 시집 『오래된 수첩』
2016년 시집 『인생은 사랑이다』

서로 사랑하기 外 4편

송 종 근

우리에게 슬픔과 눈물이 있는 건
그 아픔으로
서로 사랑하라 하는 것

우리가 살다가 죽어야 하는 건
그 시한부로
죽을 때까지 서로 사랑하라 하는 것

우리가 혼자 살기 어려운 건
그 쓸쓸함으로
서로를 찾아 사랑하라 하는 것

우리가 한 나라에서
한 민족으로
하나의 언어로 살아가는 건
결국 모두가 하나의 마음이 되어
서로서로 사랑하고 있다는 것
이렇듯

우리는 태어나 죽을 때까지
서로를 위해 사랑하고 살아가야 한다는 것

아카시아

고양이같이
축 늘어져 게으른 잎새
짙은 향기
발정 낼 땐 언제고
이젠 그저
눈치만 살살 보는
늙은 몸뚱어리
세월을 품었는가
정녕 아쉬운 꽃 몽우리
잔바람에도 흔들거린다
한 세월
참 향기로웠구나

무인도

드문드문 떠 있는
푸른 바다 위에 몇몇 섬들
보석처럼 귀하다

때 묻지 않은
육지의 끝 한참 너머 외딴 곳

둥실 떠도는 하얀 구름처럼
신기루로 아롱지며
작은 낙원을 이룬다

온갖 사람들의
넝쿨로 뒤섞인 삶의 터전을 뒤로하고

무인도는
어떤 이름도 없이
꿋꿋이
하늘 아래 바다 위에
스스로 혼자 떠 있다

상 처

상처는
딛고 일어서야 하는 인생의 디딤돌
눈물은
흘려보내야 하는 세월의 기억들
아파도 꿰매야 하는
우리의 상처
그 애증의 디딤돌을 놓고
가끔 넘쳐나는
저 인생이란 깊은 개울을
무사히 건너가야 한다

너는 나의 아침이다

새벽에 머릴 기대고 있다
아침에 떠오를 저 빛나는 태양을 그리며
일찍 뜨인 내 눈은 새벽을 걷어낸다
갈 곳이 정해진 마음은 온통 그때만을 주시한다
오늘 그 출발을 위해 신발 끈을 조인다
벌써 설레는 마음으로 널 향해 달려가고 있다
그렇게 너는 나의 새로운 시작이 된다
너는 나의 새로운 아침이다

신 강 우

전남 고흥 출생
<조선문학> 시 등단
<열린문학> 수필 등단
<서울문학> 소설 등단

산문집 : 『신강우 선장의 유쾌한 항해기』

한국문인협회, 한국작가회의, 한국소설가협회, 한국현대시인협회, 성암문학회 회원
계간 현대문학사조 편집위원

동백문학상, 열린문학상, 현대문학사조 최우수상 수상

수필

뉴질랜드 여대생 外 1편

신 강 우

배는 뉴질랜드 조그만 항구 부두에 접안했다. 부두에 과일과 냉동고기가 든 박스들이 산더미로 쌓여있다. 냉동선들이 열나게 과일과 냉동고기를 싣는다. 부두 밖에는 대형선들이 비료를 하역하고 있다. 우리 배는 미국에서 싣고 온 비료 하역을 기다리고 있다. 화물검사원이 승선했다. 나는 검사원과 내 집무실에서 커피를 마시고 있다. 낙농국가에서 많은 비료를 수입하는 것을 이해할 수가 없었다.

"검사원님, 뉴질랜드는 낙농국가 아닙니까? 비료공장을 만들면 되지, 왜 많은 비료를 수입합니까?"

검사원이 웃는다.

"뉴질랜드 복지제도는 세계적으로 알아주지요. 그게 큰 문제입니다. 실업자들에게 많은 실업수당을 주고 나면 남은 돈이 없어요. 그러니 공장을 못 만든 것이지요. 지금 뉴질랜드는 엄청난 비료를 미국, 한국 그리고 일본에서 수입하고 있지요."

화물검사원과 이리저리 화물상태를 살피니, 화물창에 떠 있는 수증기가 물이 되어 비료에 떨어져 약간의 비료가 바위처럼 굳어져 있다. 검사원은 그러한 것은 문제가 없다고 했다.

화물검사를 마치고 현문에서 커피를 마시고 있으니, 현문사 다리 밑에서 30대 여자와 나이가 10살쯤 돼 보이는 아들이 여러 백인들에게 둘러싸여 있다. 아들의 울부짖는 목소리가 들린다.

"어머니, 빨리 뉴질랜드를 떠나요. 이렇게 차별을 받고 어떻게 살아요?"

그녀의 아들이 우리나라 말을 했다. 내가 현문사 다리를 내려가니, 여러 백인들이 흩어졌다. 인종차별의 말을 들은 것 같았다. 뉴질랜드는 인종차별이 거의 없다는 말을 들었는데, 어쩌다 모자가 그러한 수모를 당한 것 같았다

"한국 사람입니까? 내가 이 배의 1항사입니다."

어머니 되는 여자가 반색을 한다.

"배가 아주 큽니다. 배를 구경하고 싶어요."

모자가 배로 올라왔다.

"아들이 배를 보고 싶다고 해서 아들을 부두로 데리고 왔는데, 술이 취한 현지인들에서 좀 심한 인종차별의 말을 들었네요."

나는 그들에게 조타실에서 기관실까지 구경시켜준다. 배가 대형선이라 모든 게 컴퓨터로 운항하고 있다. 말하자면 자동시스템의 배다. 1항사인 나에게도 큰 집무실이 있다. 그녀는 내가 대형선 1항사인 것을 아주 대견한 듯이 생각했다.

배를 내려가면서, 현문에서 그녀가 머뭇거린다.

"이번 금요일 집에서 점심을 같이하고 싶어요."

나는 아직 교포의 집에 가본 적이 없었다.

"좋아요. 금요일에 집에 갈게요."

그녀가 종이에 집 약도를 그리고 주소를 적어주었다. 집은 부두에서 가까이 있다. 금요일 나는 몇 병의 위스키를 들고 그녀 집을 찾았다. 택시로 가니 얼마 멀지 않았다.

그녀가 나를 기다리고 있다. 백인 여자가 옆에 있다. 나에게 손을 내밀었다.

"나는 이민 온 사람들에게 영어를 가르치고 있어요. 뉴질랜드로 이민 온 사람은 몇 년간 영어를 배웁니다. 오늘이 영어를 가르치는 날입니다. 이미 큰 배의 1항사라는 말을 들었어요. 만나서 반가워요."

그녀 집이 아주 초라하게 보인다. 조그만 방 하나에서 살고 있다. 집안에 가구가 거의 없다. 우리가 점심을 먹으려니, 백인 여자가 이미 점심을 먹고 왔다고 밖으로 나갔다.

"남편이 수산고등학교를 졸업하고 뉴질랜드 근방에서 조업하는 트롤어선을 탔지요. 한 3년 정도 배에서 일하다 현지에 있는 그물공장을 알아 여기서 4킬로 정도 떨어진 곳에 있는 공장에서 일하고 있어요. 뉴질랜드는 2주마다 봉급을 받아요. 거의 절반에 가까운 많은 세금을 공제하고 나면 남은 게 없어요."

그녀가 일어나 커피를 한 잔 타왔다.

"남편 봉급으로 살기가 힘들어 남편이 집에 오면 나는 밤에 큰 식당에서 알바를 합니다. 알바를 하여 조금씩 저축을 합니다. 뉴질랜드에 와서 3년이 지났는데, 아직 자가용도 없어요. 우리에게는 하나의 꿈이 있어요. 아들이 커서 세계적인 복지국가 뉴질랜드에서 사는 것이지요."

점심은 돼지 불고기였다. 정성을 들여 점심을 준비한 것 같았다.

"여기선 우리나라 사람을 만나기가 아주 힘들어요. 우리나라 사람을 만나면 꼭 고향 사람을 만난 것처럼 반가워요."

점심을 먹고, 집을 나서니, 백인 여자가 앞선다.

"나도 지금 집으로 가려고 합니다. 내 차를 타고 배로 돌아가요."

차가 아주 고급이다. 그녀는 뉴질랜드 대학교 4학년 재학생이다. 나는 이것저것을 묻는다.

"명년에 대학을 졸업하면 어떻게 할 건가요?"

그녀가 웃으며 나를 바라본다.

"아버지가 큰 회사를 가지고 있어요. 대학을 졸업하면 아버지 회사에 취직할 거예요. 처음에는 영업부에서 영업에 대한 일을 배우려고 합니다."

그녀는 나에게 뉴질랜드를 구경시켜주겠다고 이리저리 차를 몬다. 오랫동안 지나도 공장이 하나도 없다. 끝없이 농장들이 펼쳐져 있다. 꼭 이곳이 세계의 천국이요, 하고 말하는 것 같다.

그녀가 조그만 공원 앞에 차를 세웠다. 그러더니 조그만 우유병 2개를 손에 들고 차를 내렸다. 바로 앞에 바다가 가까이 있어 파도 소리가 들린다. 갈매기들이 파도 위를 날아다닌다.

"이 공원이 조그마해도 많은 사람들이 찾아요. 같이 앉아 이야기나 나누고 싶어요."

여러 사람들이 의자에 앉아 이야기를 하고 있다. 한쪽에 빈자리가 있어 앉았다. 그녀가 우유병을 내밀었다.

"오늘 아침에 소에서 짜낸 우유입니다. 뉴질랜드의 우유는 세계적으로 질이 좋다는 평을 받고 있지요."

어떤 남자들은 벌써 술에 취하여 졸고 있다.

"저 사람들은 이미 직장을 포기해버리고 매일 술이나 마시고

놀아요. 실업수당이 넉넉하니, 일자리를 찾지도 않아요."

우유 맛이 좀 비릿했다.

"당신도 뉴질랜드로 이민을 와요. 내가 도와줄게요. 뉴질랜드가 얼마나 좋은지 모르지요? 뉴질랜드는 천 년 평화가 보장된 나라입니다."

나는 많은 사람들이 뉴질랜드로 이민 가려고 줄을 선다는 것을 잘 알고 있다. 내 친구도 몇이 이미 이민을 가서 뉴질랜드에 살고 있다.

공원에서 차를 타고 조금 지나니 부두다. 차가 부두정문 앞에서 정지했다. 내가 차를 내리니, 그녀도 차에서 내려 나에게 다가오더니, 내 볼에 키스를 했다.

"당신이 마음에 들어요. 내가 부탁하면 아버지 회사에 쉽게 취직이 될 거예요. 자주 전화를 해주어요. 다시 만나고 싶어요."

그녀가 나에게 명함을 주었다. 그녀가 떠난 뒤, 그녀의 명함을 바다에 버렸다. 내 꿈은 정년을 하면 고향 텃밭에서 채소나 가꾸며 사는 것이다. 우리나라 말을 하고, 친구들과 토방에서 막걸리를 마시고 사는 게 얼마나 좋은가. 어릴 적 고향의 아름다운 풍경들이 하나씩 보인다. 흰 구름 한 송이가 나를 내려다보며 웃는다.

(콩트)

아프리카 간호사의 사랑

배는 라고스에서 화물을 다 하역하고, 엔진을 수리하기 위해 아프리카 남부에 있는 토고의 로미 외항에 닻을 내리고 있다. 엔진 수리 기간이 3주다. 선원들은 1주일에 수요일과 토요일 2번씩 상륙한다. 수요일에 상륙한 3항사가 로미 거리에 개가 득실거리니, 한 마리 잡아오겠다고 했다. 나와 기관장이 선장에게 찾아가 3항사가 개를 잡아오겠다니, 허락해달라고 했다. 선장이 한참 생각하더니, 고개를 들었다.

"1항사, 3항사에게 개를 잡아오되, 죽은 개를 배로 가지고 오라고 해라. 내가 위스키와 맥주는 넉넉히 주겠다."

모든 선원들은 배에서 무엇을 죽이면 불운이 온다는 것을 믿고 있다. 선장도 그러한 미신을 믿고 있다.

토요일 아침에 상륙한 3항사가 개를 죽여 커다란 부대에 담아 오후 4시에 배로 올라왔다. 이미 갑판 솥에서는 김이 모락모락 오르고 있다. 선원들이 달라붙어 개를 솥에 넣고 좀 있으니, 개를 꺼내어 털을 벗긴다. 3항사가 나에게 피가 벌겋게 묻은 개간을 주며 먹으라고 한다.

"1항사님, 개에서 제일 좋은 게 간입니다. 몸이 약하시니, 이거

먹으세요.”

장모님이 독실한 불교 신자다. 장모님이 나에게 불교 신자는 아니더라도 식구들을 위해 불교에서 금하는 개고기 같은 것을 먹지 말라고 했다. 장모님의 말이 생각났지만 3항사가 내미는 개간을 먹고 말았다. 3항사가 맥주를 마시면서 말한다.

“1항사님, 거리에서 개를 잡아 방파제에서 개의 목에 돌을 달아 바다에 빠뜨렸어요. 개는 죽지 않고 자꾸 나왔어요. 나는 개를 자꾸 바다로 던졌어요. 마지막에 개가 죽었어요. 눈물이 나더군요. 내가 죄를 짓는구나 하는 생각이 들었어요. 여러 흑인들이 나를 바라보며 비웃고 있었어요. 다시 개를 죽이지 않을 겁니다.”

맥주를 마시며 나는 상당히 많은 개고기를 먹고 말았다. 3항사가 몸에 좋다고 자꾸 내미는 통에 거절을 못했다.

다음 수요일, 선원 몇 명의 데리고 상륙했다. 배가 닻을 내리고 있어서 통선을 타고 상륙했다. 아침 바다는 조용하다. 조그만 파도가 수줍은 웃음을 터뜨리며 살금살금 지나고 있다.

나는 통신장과 같이 시내의 조그만 카페에서 이야기를 하며 맥주를 마시고 있다. 카페 주위에 있는 커다란 야자나무 이파리가 바람에 흔들린다. 뜨거운 남반부의 태양이 불타는 긴 혀를 내밀고 우리를 빙빙 돈다.

토고는 직사각형으로 되어 있는 조그만 나라다. 북에서 남까지 택시로 2시간을 넘지 않는다. 오후 4시에 통선부두에 도착하니, 날이 선 파도가 허옇게 밀려든다. 통선선장이 좀 위험하지만 배로 간다고 했다. 선원들과 같이 배로 오니, 배에 줄사다리가 준비되어 있다. 내가 줄사다리로 오르는데, 통선이 내 다리를 내리

쳤다. 나는 엉금엉금 배로 올라와 쓰러져버렸다. 선원들의 부축을 받아 침실로 들어오니, 선장이 나를 찾는다. 다리가 조금씩 부어올랐다.

"1항사, 발이 많이 부었네요. 많이 아파요?"

발이 쑤시고 아팠다.

"좀 아프지만 조금 지나면 좋아질 겁니다."

선장이 좀 무언가를 생각했다.

"1항사, 우리 배는 3주 후에나 다시 항해를 합니다. 시간이 있으니, 내일 입원하여 며칠 물리치료를 받고 배로 와요. 물리치료를 받으면 빨리 나아요. 내가 잘 아는 사람이 이곳의 커다란 호텔 주인이요. 특별히 말하여 모든 음식을 호텔에서 배달하게 할 테니, 음식은 걱정 말아요."

선장은 카지노를 좋아한다. 배가 입항하면 오후에 카지노에 가서 새벽에 배로 온다. 카지노를 하면서 만난 사람이 호텔 주인이다.

선장이 침실을 나가고 생각해보니, 내가 죄를 받았지 않나 생각된다. 장모님의 말이 자꾸 떠오른다. 불교 신자가 아니더라도, 아이들을 위해서 불교가 금하는 것을 피하라는 말이 자꾸 들린다.

다음날 대리점직원을 따라 들어간 병원은 로미에서 제일 큰 병원이다. 내가 입원한 병실에는 4개의 침대가 놓여 있다. 내 옆 침대에는 인도사람이 입원하여 치료를 받고 있다. 그는 영국에서 아프리카를 다닌 커다란 유조선을 타고 있었는데, 기관실에서 엔진을 수리하다 쓰러져 입원했다고 한다.

영국에서 간호대학을 졸업하고 처음으로 이 병원에서 근무한 아주 젊은 흑인간호사가 내 담당이다. 가끔씩 병실에 들어와 나의 여러 상태를 살폈다. 하루나 지나니, 인도사람과 좀 친하게 되었다. 같은 아시아 사람이라는 것만으로 정이 갔다. 간호사가 병실로 들어오니, 인도사람이 농담을 한다.

"간호사, 여기 큰 배 1항사가 당신을 사랑합니다."

인도사람의 말이 끝나기 바쁘게 부끄러운 듯 간호사가 병실을 나갔다. 인도사람은 간호사가 들어올 때마다 농담을 한다.

"1항사가 당신과 결혼하고 싶다고 합니다. 결혼하면 당신과 영국에서 살자고 합니다. 결혼하세요."

인도사람의 말을 나는 묵묵히 듣고만 있다. 농담이 지나치다고 생각했지만 어떻게 다른 말을 할 수가 없다. 내가 입원하고 3일부터 내 침대 옆에 빨간 장미 한 송이가 꽂힌 꽃병이 놓여 있다. 언제 꽃병이 놓였는지 알 수가 없다. 입원 4일이 되니, 간호사가 친구 간호사를 데리고 와 나를 살피고 간다. 일이 좀 이상하게 돌아가고 있다. 간호사는 자주 내 옆에 와서 웃곤 했다.

나는 특급호텔에서 가져온 양식을 먹는다. 특별한 양식을 먹어도 3일이 지나니, 김치를 먹고 싶어 미칠 것 같았다. 내가 부탁하니, 선장이 선원을 시켜 한국음식을 갖다 준다. 입원하고 7일 후에 대리점직원이 병실로 와 내일 출항한다고 배로 돌아가자고 했다.

대리점직원을 따라 병원정문을 나서는데, 그 간호사가 편지를 들고 나를 기다리고 있다. 나에게 다가오더니, 내 볼에 키스를 했다.

"나는 당신을 사랑합니다. 결혼하고 싶어요. 편지를 해주어요."

내가 편지를 받으니, 그녀는 소리 내어 운다. 간호사는 계속 나에게 손을 흔든다. 나도 계속 손을 흔들어준다. 편지를 뜯으니, 사진이 한 장 들어있고 주소와 전화번호가 적혀 있는 편지지가 한 장 들어있다.

통선을 타고 가면서, 그녀가 준 편지와 사진을 바다에 버렸다. 그녀의 사랑이 조금씩 나에게서 멀어지고 있다. 그녀의 울음소리가 하얀 파도가 되어 지느러미를 파닥이며 자꾸 나에게 달려든다.

채운(綵雲) 양 상 구

스토리문학 등단
한국문인협회 복지위원
현대문학사조 발행인
삼강시인회 운영위원
도서출판 채운재 대표

오늘 外 4편

양 상 구

여명을 볼 수 있어 희망이 보인다
핸드폰이 있어 하루를 시작할 수 있다
수많은 사연이 기다리고 있는 오늘
어떤 하루가 만들어질까
어떤 삶으로 보낼까
하루를 걱정하지 않을 수 없는 것이
인생인가보다
스쳐 가는 많은 사연 마음에 담고
인연의 끈 놓지 못하는 여린 마음에
당신의 소중함이 가슴을 타고 내린다
무겁고 힘든 오늘이지만
꽃들의 아름다움을 볼 수 있었고
하루의 주어진 선물 나누며
웃고 지낸 인연 손잡고
오늘이 간다

오월이면

훈훈한 바람이 얼굴을 핥고
소리 없이 다가온 그윽한 꽃향기
아침 햇살보다 더 정감을 느낀다

꽃향기 따라 먼 산 바라보니
어린 시절 아카시아 꽃 따먹으며 놀던
순수했던 그 시절의 친구들

거리에 핀 민들레 꽃에 취해
가던 걸음 멈추고 쪼그리고 앉자
그저 바라보며 정신을 놓고 있다

청렴에 담아 놓은 사연 보듬고
긴 호흡 내쉬며 하늘을 보니
순백의 구름 따라오라 손짓하네

어머니의 편지

아범아 집에 가고 싶다
여섯 명이 누워 있는 병실
죽는 날만 기다리고 있는 모습 보이니
나이 먹으면 이렇게 죽어야 하니
아범아, 이렇게 죽음을 기다리며
아침을 맞는 것보다 집에 가서
너희들 보며 1)복동이 내 옆에 살 되고
아침에 주는 밥 억지로 먹지 않고
목욕할 때 구박받으며 아프다고 해도
막 다루는 아줌마 미워죽겠다
아범아 집에서 죽고 싶다
너는 이렇게 나를 막돼하지 않을 것 아니냐
잠자면서 죽으면 얼마나 좋으니
긴 간병은 효자가 없다고 하는데
너희에게 이런 모습 보이지 않고
병원비도 걱정 없고
네 아버지가 날 빨리 데리고 가면 좋을 텐데
왜 이렇게 어렵니 죽는 것이

---

1) * 복동이 푸들 강아지

어머니의 편지에 눈물만 흘린다.

지하철

하루를 열며 삶을 싣고 달린다
좁은 문 열리면 어느새 꽉 찬 객실
들어오고 가는 힘찬 호흡 소리에
따뜻한 삶의 소리 희망이 웃고 있다

그 좁은 공간 속에 스마트폰을 보고
귀에 이어폰 끼고 눈을 지그시 감고 있으니
보이는 것이 다는 아니지만, 우리 인생
길을 같은 목적으로 달리고 있다

저녁이 되면 정겨운 소리가 들리고
또 다른 밝은 미소에 대화의 꽃이 핀다
출근 시간의 얼굴과 퇴근 시간의 얼굴
세상의 삶을 보여 주고 있는 곳

아내

새벽하늘 볼 여유도 없이
종을 치듯 손길이 분주하군요.
잠도 설치고 아이들의 수발을 위해
아침을 등에 업고 있는 그 모습
잔주름이 깊이 파인 얼굴 눈꺼풀은 처져 있고
뒤돌아서서 눈물 짓는 당신을 생각하니
마음 둘 곳이 없습니다.
스치는 인연이 되어 함께 한 수만 시간
어려울 때 나만 보고 온 그대
이제는 당신을 위해 마음을 다하고 싶습니다.
산천에 꽃 필 때 당신에 손잡고
당신의 발을 어루만지며 닦아주고 싶소.
당신이 좋아하는 바다가 횟집에서
모래밭에 사랑하오. 이름 새기고
잠시 잊어버렸던 사랑을 합시다.
이젠 당신을 지켜주기 위해
웃음의 다리 행복의 길로 인도하리라
마음 밭에 하나둘 쌓아둔 당신의 사랑
알곡으로 만들어 행복하게 살아갑시다.

이 계 옥

월간 문학21 동시부문등단(2000년)
월간 세계모던포엠 수필부문등단(2004년)
월간 스토리문학 동화부문등단(2005년)
전 해피인, 이한강, 투게터 칼럼리스트
전 메디웰병원, 김포우리병원 노래 자원봉사 (2009년 1월~2016년 2월)

전) 성저마을4단지 및 양우파크타운 및 대화마을6단지 경로당, 한별정신병원, 여주소망교도소, 서울정릉 개동교회노인대학 노래 자원봉사

현) 김포시청발행 월간김포소식지 김포마루시민기자(2004년~)
김포시노인종합복지관식당 배식봉사(2010년~)
김포시노인종합복지관 주간보호센터 노래 자원봉사(2014년~)

6인용 찻잔세트 外 1편

이 계 옥

3박 4일의 제주도 신혼여행에서 돌아와 친정에서 하룻밤을 잔 1975년 4월 2일. 아침 식사를 마치고, 살림집으로 가기 위해 평상시 입었던 옷들을 주섬주섬 가방에 넣었다.

"속옷이랑 집에서 입던 옷들까지 챙기는 것을 보니 네가 정말로 결혼했구나. 이제부터는 내 딸이 아닌 고령 신씨 집안의 장손 맏며느리로 몸 건강히 행동 잘해서 부모 욕 먹이지 않도록 하고, 알뜰하게 살림 잘해서 집안을 일으키도록 해라. 어제저녁에도 말했듯이 네가 남편 하나는 잘 선택했다. 신서방과의 연애를 심하게 반대해서 그동안 많이 괴로웠지? 미안하다. 하지만 너도 딸을 낳아 애지중지 키워서 시집보내게 되면 이 아비 심정을 조금은 이해할 수 있을 거다. 다 쌌냐? 혹시 빠뜨린 것, 있으면 다음에 또 와서 갖고 가면 되지."

"네."

아버지의 떨리는 목소리에 수없이 되 뇌이며 가슴으로 연습했던 '그동안 잘 키워주셔서 고맙구요, 저 때문에 마음고생 많이 하신 것, 죄송해요!' 인사 첫마디조차 꺼내지 못하고, 고개를 숙였다. 무릎위로 떨어지는 눈물을 막기 위해 손수건으로 닦고 있는데 아버지께서 네모난 상자하나를 앞에 내놓으셨다.

"이건 6인용 찻잔세트인데 아무래도 네가 사용하는 게 좋을 것 같아서 포장지 없이 끈으로 묶어 다시 쌌다. 당장 신서방이나 너희 회사직원들과 친구들을 집으로 불러 대접하려면 찻잔이 필요할 테니 갖고 가서 잘 이용해라."

'어머, 무슨 찻잔? 그래서 엄마가 찻잔세트를 사주지 않으셨구나!' 시장 안 그릇가게에서 품었던 서운한 감정이 '스르르르' 풀렸다.

결혼식장으로 갖고 온 친구들의 여러 가지 선물도 택시에 싣고, 권농동의 부엌도 없는 단칸방에 짐을 풀었다. 옷은 일곱 자짜리 장에 넣고, 우선 먹을 마른반찬 몇 가지는 쪽마루 한쪽 구석을 겨우 버티고 앉아있는 작은 2층 찬장에 넣었다.

"이 네모상자는 뭐야?"

남편이 물었다.

"아, 찻잔이래요. 6인용 찻잔!"

노끈을 풀고, 누런 상자를 열었다. 깨지지 않게 사이사이마다 구겨 넣은 신문지들을 꺼내니 찻잔 여섯 개와 받침접시 6개가 전라를 드러냈다. 아기들 장난감으로 딱 어울릴만한 작은 크기의 흰 잔에 KBS라는 금색 글씨가 선명히 박혀있었다.

"와! 예쁘고, 귀엽네요."

"찻잔으로 너무 작지 않아? 두세 잔 마셔야 양이 차겠는 걸? 그런데 그건 어디서 난 거야? KBS라는 글씨가 있는 걸 보니 가게서 구입한 건 아닌 것 같고."

"음. 우리 둘이 만나기 시작한 초쯤, 아버지랑 같이 KBS TV

방송국에서 운영했던 학교방송 프로에 출연했었잖아요? 아마 그 기념으로 받으신 것 같아요."

한국방송공사에서는 초등학교 고학년과 중학교 전 학년의 과학, 예능, 체육수업을 위해 1970년 5월부터 텔레비전 교육방송을 시작했다. 평교사 시절, 아버지는 재임학교 교사 및 학생들의 합창합주지도, 음악교육자료발명, 음악이론연구발표, 전국초등학생 작곡실기대회 지도상 및 서울시 교육위원회 음악과 연구교사 금상수상 등 피나는 노력으로 얻은 화려한 경력 덕분에 KBS TV 교육방송음악담당 ST로 정기출연하게 되셨다.

"아무래도 네가 피아노 반주를 맡아줘야겠어. 합창이나 합주는 음악 시간이나 방과 후에 연습시키면 되는데 교실에 피아노가 없으니 피아노 치는 연습을 시킬 수가 없거든. 그렇다고 피아노 있는 학생 집으로 때마다 가서 연습시킬 순 없고."

처음 얼마 동안은 아버지를 도우면서 매주 수요일마다 방송되는 텔레비전 프로에 출연한다는 설렘으로 기분 좋게 응했다. 아무리 피곤해도 시간을 내어 아버지께서 지정해주신 동요를 낡은 오르간 앞에 앉아 열심히 연습했다. 왼손 반주를 이렇게, 저렇게 바꿔가며 변화도 주었다.

그러나 시간이 흐르면서 내 개인시간을 가질 수 없게 되자 짜증이 났다. 매주 일요일마다 당시 남산에 있던 KBS TV방송국에서 녹화를 위해 소중한 일요일 오후를 온통 보내야 했기 때문이다. 일주일 중 친구들을 만나고, 애인과 데이트할 수 있는 단 하루휴일인데 아버지가 지도하신 합창, 합주학생들의 보조교사로

땀을 뻘뻘 흘리며 남산오르막 길을 걸어 올라가야 하니 힘도 들었고, 싫증도 났다. 거기에 녹화들어가기 전의 리허설시간은 왜 그리도 긴지. 녹화하다가 잡음이나 실수로 NG라도 나면 처음부터 다시 시작해야 하므로 지루하기가 이루 다 말할 수 없었다.

어느 토요일 저녁, 큰 용기를 내어 아버지께 말했다.

"아버지, 저 앞으로 피아노 반주 안 할래요. 피아노 잘 치는 학생을 시키세요."

"왜, 무슨 일 있어?"

"내일 친구들과 약속 있어요."

애인이라면 크게 야단 맞을까 봐 친구로 바꿔 거짓말했다.

"이런 철없는 것 같으니. 넌 아버지 혼자 많은 학생들을 데리고, 버스 갈아타면서 남산 올라가는 모습이 안쓰럽지 않냐? 네가 옆에서 도와주는 게 얼마나 큰 힘이 되는데 못 하겠다고? 네가 안 하면 피아노연습까지 시켜야 한다며 피아노 반주를 네게 맡겨야 하는 이유를 설명했는데도 이해 못 해주는 거냐?"

호되게 꾸중만 듣고, 다음 날도 아버지와 함께 노량진초등학교 5, 6학년에서 뽑은 남녀학생들을 인솔하여 먼지 쌓인 스튜디오 내 피아노 앞에 앉아야 했다.

"'큐!' 사인이 떨어지면 전주 치는 피아노 건반에 1번 카메라가, 2번 카메라는 선생님을 향할 테니 빨간 불이 켜지면 인사말부터 시작하시는 겁니다!"

열손가락을 흰 건반 위에 올려놓고 잔뜩 긴장해야 했다. 멋모르고 시작했던 초창기는 '모르는 게 약!' 무법자로 덤벼들었지만 횟수를 거듭하면서 대중매체의 중요성을 차츰 깨닫게 되자 그 긴

장감의 진하기가 더해갔다. '왼손 장애만 없다면. 왼손 새끼손가락을 곧게 펼 수만 있다면. 힘을 줄 수만 있다면……' 오르간과 달리 피아노 건반에 닿는 손가락마다 힘을 주려니 이따금 쥐가 났다. 그때마다 '꾹꾹' 주물러서 긴장도 풀어줘야 했다.

왼손 장애로 생활 중에 불편을 느낄 때마다 농사짓는 외가에서 끼니라도 이으라며 식구들과 떨어져 지냈던 여섯 살 때의 일이 생각난다.

잔뜩 흐린 어느 날 오후, 툇마루에 걸터앉아 마당에서 고종 동생들이 줄넘기 놀이하고 있는 모습을 구경하고 있었다. 그때 셋째이모가 부르셨다.

"계옥아, 저기 앞 밭에 가서 굵은 파 좀 뽑아올래? 곧 비가 쏟아질 것 같으니까 빨리 뛰어갔다 와!"

멀리서 천둥 치는 소리와 함께 검은 먹구름이 빠른 속도로 몰려왔다.

"누구 나랑 같이 안 갈래?"

무서워서 물었지만 줄넘기하느라 정신이 팔려 아무도 답이 없었다. 하는 수 없이 혼자 100여 미터 떨어진 파밭으로 뛰어갔다. 파를 뽑기 시작하는데 이미 머리위로 굵은 빗방울이 떨어지기 시작했다. 두 손으로 뽑은 대파들을 품에 안고, 온 힘을 다하여 뛰기 시작했다. 마당의 동생들과 동네친구들이 한 명도 보이지 않자 더럭 겁이 더 났다. 마당입구에 매놓은 어미 소만 전격적으로 쏟아지는 빗방울과 천둥소리, 번개 때문인지 빙빙 돌며 버둥거리고 있었다. 가만히 앉아있어도 무서워하던 소였는데 '음메~, 음메에~' 울면서 마구 움직이고 있으니 겁에 질리지 않을 수 없었다. 잠시 누군가 나오길 기다렸지만 번개 속에서 마냥 비를 맞을 수 없어 전속력으로 소 옆을 달렸다. 그때, '우르르 쾅!' 바로 머리 위에서 천둥소리가 요란했다. 그 순간, 흙 위로 높이 솟아있던 돌부리에 발이 걸려 넘어지고 말았다. 갑자기 심한 통증이 왔지만 엎어져 울고 있을 때가 아니었다. 그대로 있다가는 어미 소 발에 닿을지도 모른다는 생각에 벌떡 일어났다. 왼손으로 안고 있는 대파들을 확인하고, 울면서 부엌의 이모에게 갔다.

"왜 울어? 무서워서 우는 거야? 에이, 겁쟁이!"

이모는 아무렇지도 않은 듯 뒤돌아 무심히 일만 했다. 뒤뜰 안 우물가에서 세수하려는데 왼팔을 내릴 수도, 올릴 수도 없었다. 너무너무 아파 손가락조차 움직일 수 없었다. 외할머니도움으로 겨우 옷을 갈아입는데도 입을 악다물며 참아야 했다. '쑥. 쑥.' 밤새 쑤셨지만 통증을 잘 참는 나는 하룻밤을 무사히 넘겼다. 그런데 아침에 일어나보니 팔꿈치를 중심으로 왼팔 전체가 퉁퉁 부었다. 약간만 건드려도 진땀이 났다.

"에구! 엄마나 아빠가 있었으면 아프다고 보채면서 울었을 텐데........ 참지 말고 이 외할머니한테라도 말하지. 이토록 붓기까지 밤새 얼마나 많이 쑤시고, 아팠겠어? 에이, 불쌍한 것. 어찌 참았냐? 쯧쯧쯧"

그날부터 이틀에 한 번씩 외할머니 등에 업혀 십리 떨어진 김포 읍 어느 한의원을 찾았다. 나이 많은 한의사는 굵은 대파뿌리를 삶아서 곱게 빻아 검은 먹지에 깔더니 퉁퉁 부은 내 왼팔을 감싸주었다. 후끈, 후끈거렸지만 잘 참아냈다. 가뜩이나 몸이 약해 뛰어놀지 못하던 나는 기껏 오른손으로 공기놀이만 하면서 지냈다.

며칠 후, 외가에 오신 아버지가 검은 먹지로 왼팔을 싸고 있는 나에게 힘없는 목소리로 말씀하셨다.

"가난이 죄지. 뼈가 튕겨졌을 때 그 즉시 제대로 맞췄으면 멀쩡했을 것을 값싼 엉터리의원만 찾다보니....... 내가 진작 알았다면 이리 두진 않았을 것을....... 앞으로 오르간을 잘 칠 수 있을까? 지난 여름방학에 왼손을 팔짝팔짝 건너뛰면서 잘도 쳤었는데......."

한 숨을 길게 '휴~우' 내쉬며 꼬옥 안아주셨다.

1.4 후퇴 때 홀로 피난 나오신 아버지는 해방이 되면 재빨리 귀향하기 위해 개성에서 가까운 검단초등학교에 터를 잡으셨다. 다른 남자 교직원들의 숙직을 도맡으며 숙직 방에서 기거하시다가 어머니와 결혼 후, 처가살이를 잠시, 아래 남동생이 태어나면서 학교사택으로 이사했다. 방학 때마다 도난방지를 위해 학교 오르간을 사택으로 옮겼는데 아버지는 어린 나를 무릎 위에 앉히고, '도. 레. 미, 도. 미. 솔, 도. 파. 라, 시. 레. 솔. 도. 레. 미. 파. 솔' 쉬운 방법부터 '도. 레. 미. 파. 솔. 라. 시. 도. 도. 시. 라. 솔. 파. 미. 레. 도' 어려운 순으로 가르쳐주셨다. 다리가 페달에 닿지 않으니 아버지가 눌러줘야만 했는데 한 가지를 가르쳐주면 금방 깨우치면서 매우 즐거워했다고 한다. 오른손만 가르쳐주면 시키지 않아도 왼손으로 치려했고, 곧 두 손을 동시에 같이 쳤다

고 한다. 아버지는 음악에 재능이 있음을 아시고, 방학 때마다 계속 가르쳐야겠다는 생각을 하셨다고.

"보통 건반악기를 처음 배우는 학생들은 건반에 계명을 써서 익히는데 너는 글씨를 모르니까 그 방법도 쓰지 못했어. 그런데도 내가 계명으로 부르면 넌 금방금방 오르간 건반으로 치는 거야. 가르친 지 한 달도 안 되었는데 '태극기, 학교 종, 무엇이 무엇이 똑같은가' 1학년 음악 교과서에 있는 동요들을 쳤으니까. 쉬운 노래들은 가락만 양손을 똑같이 움직이면서 쳤는데 손가락 길이가 짧으니까 좌우로 빠르게 건너뛰면서 제법 잘 쳤어."

4학년 여름방학 어느 날, 툇마루에서 모기를 쫓으며 하셨던 아버지 말씀이었다.

초등학교 2학년 겨울방학 때, 라디오에서 처음 들은 봉봉사중창단의 '빨간 마후라' 노래를 계명으로 불러 아버지를 깜짝 놀라게 할 수 있었던 것도 여섯 살 여름방학 때, 딱 한 달 배운 오르간연주법 영향이 컸던 것 같다.

그 이후, 사택에서 먼 능안으로 이사하여 더 이상 오르간을 대할 기회가 없었지만 중고등학교 음악시간에 독창실기시험을 치를 때마다 피아노 반주를 맡았다. 아버지는 '집에 피아노도 없는데 어떻게?' 매우 신기하다며 대견해하셨다.

"집안형편이 넉넉지 못해서 피아노학원은 커녕 대학도 보내지 못했으니........ 너를 국문과나 음악과 공부를 시켰으면 훌륭한 뭔가를 이루었을 것을....... 못난 내 죄가 크구나."

"아버지, 절대 그런 말씀 하지 마세요. 모든 것은 저의 능력이고, 팔자지요.”

“그 당시 아버지는 어떻게 해서든 가족들 먹여 살리느라 급급하여 당장 코앞에 닥친 일부터 해결해야만 했어. 먼 앞날까지 생각할 여유가 없었어. 미안하다!”

1973년 중앙방송국프로그램개편에 의해 학교텔레비전방송이 중단될 때까지 3년간 아버지와 나의 전속출연은 계속되었다. 그 영향으로 아버지는 문교부장관상과 한국아동음악상을 수상하셨다.

“네가 피아노반주로 끝까지 협조해준 덕분이다!”

작년 가을 친정식구들이 다 모였을 때, 남편이 장난스런 표정을 지으며 말했다.

“그렇다면 방송국에서 3년 동안 나온 출연료는 장인어른 혼자 챙기시고, 당신에게는 액세서리로 딱 어울리는 찻잔만 주신 거야?”

“출연료가 얼마나 나왔는지 모르겠지만 남기는커녕 오히려 마이너스였을 거예요. 녹화 때마다 학생들 왕복버스비와 간식비로 많이 들었을 테니까요.”

“출연료가 많이 나오지도 않았지만 멀미하는 학생들한테는 약까지 사 먹여야 했어.”

“사실 말이 나와 말씀드리지만 저 ‘장인어른과 장모님께 손해배상청구소송 할까’ 해요. 이 사람 왼팔 삐었다는 것을 결혼 후에 알았거든요. 왜 결혼 전에 미리 말씀 안 해주셨어요? 당신도 그래. 데이트할 때마다 왼팔로 내 옆구리를 끼니까 알 수가 있었어야지?"

"아니, 3년간 그토록 열애를 했으면서 그것을 전혀 몰랐단 말인가? 그렇다면 두 눈이 완전히 멀었던 게지. 또 그렇다고 우리 계옥이가 아들, 딸을 못 낳았나? 자식들 교육을 못 시켰나? 아내로서 살림을 못 했나? 며느리로서 제사를 안 지내나? 홀로 되신 시어머님을 못 모시나? 그렇다고 다른 시집 식구들한테 소홀히 하나? 다만 무능력한 부모 만나서 잠재해있는 능력을 맘껏 못 키웠을 뿐이지. 어떻게 해서든 아들들만 공부시키려고 애썼으니......."

"에~이, 웃자고 말씀드린 건데 괜히 분위기만 다운되었네. 아버님, 아버님은 아코디언으로 신나는 노래를 연주하시고, 장모님은 노래를 부르세요. 우리는 춤을 출게요."

빠른 템포의 트로트메들리아코디언연주에 맞춰 남편의 엉터리리드에 부지런히 발짝을 떼며 리듬을 탔다. 다른 식구들도 즐겁게 손뼉 치며 합창했다.

이따금 상. 중. 하. 책 세 권으로 써도 될 만큼 열렬했던 연애시절을 떠올리며 금색 KBS글씨가 새겨진 귀여운 찻잔으로 남편과 커피를 마실 때마다 너무도 과분한 행복감에 '꿈인가? 생시인가?' 몸서리쳐지곤 한다.

"나이 먹으면 지난 추억의 그리움으로 산다고 하더니 올해로 결혼 40주년 맞은 우리부부도 어느 새 그렇게 사네요. 하기야 나도 60 넘고, 당신은 70이 내일이니......."

남편이 내려준 은은한 커피 향이 오늘따라 혀를 새롭게 자극시

키면서 바짝 당긴다.

"한잔 더 주세요!"

"나도 한잔 더 해야지?"

장난기 많은 손자의 실수로 찻잔 하나가 없는 5인용 찻잔세트가 가까이 다가와 대화에 꼈다.

"우리들 나이도 벌써 40중반이랍니다. 짝이 안 맞고, 금색이 벗겨졌어도 우리의 주인은 오직 두 분뿐! 같이 늙어가는 처지이니 자주 이용해줄 것을 잊지 말아주세요. 후후후......."

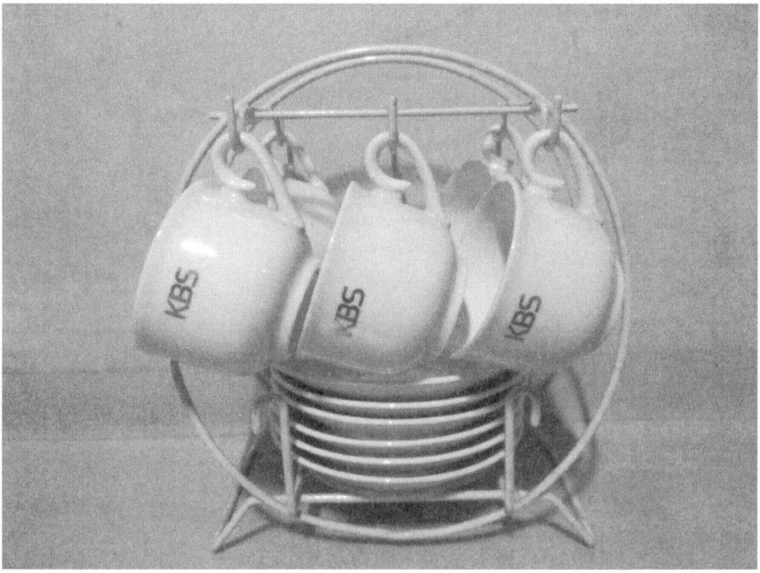

하룻밤비구니가 되어

(소제: 사연이 있는 노래 - 수덕사의 여승)

인적 없는 수덕사에 밤은 깊은데
흐느끼는 여승의 외로운 그림자
속세에 두고 온 님 잊을 길 없어
법당에 촛불 켜고 홀로 울적에
아----- 수덕사의 쇠북이 운다

언제 들어도 심금을 울려주는 노래입니다. 내게 있어 가슴 아픈 추억을 실은 구슬픈 가락과 아주 특별한 사연을 품고 있는 노랫말이지요.

남편과의 우여곡절 연애담은 많은 세월이 흐른 지금도, 아니 앞으로도 영원히 오래오래 고스란히 되살아날 것입니다.

지금으로부터 40년 전, 추석 연휴를 맞아 여고 시절의 친한 친구였던 숙이가 고향으로 내려가기 전에 내 얼굴을 보겠다며 사무실 앞 다방으로 일부러 찾아왔다. 커피를 마시며 잡담을 나누고 있는데 문이 열리면서 직장 동료인 석씨가 들어왔다. 그 순간 숙이가 깜짝 놀라며 말했다.

"어? 저기 우리 직원이 들어오네?"

"누구, 누구? 저기 뒤에 들어오는 남자?"

"응."

"그래? 앞에 들어오는 남자는 우리 직원인데?"

두 남자는 절친한 고향 친구사이로 같이 귀향하기 위해 만난 것이라면서 자리를 따로 했다.

'우연이라고 보기엔 너무도 기이한 필연'이라며 강하게 주선하는 석씨 덕분에 그 다음 주 토요일 오후, 넷이 첫 만남을 가졌다. 처음엔 서먹서먹하고 부자유스러워 나는 직원인 석씨와 마주 앉았고, 숙이는 내 남편이 된 직원과 얼굴을 마주했다. 대화내용도 업무와 관련된 회사 이야기로 시작하다가 지난 시절의 추억거리로 발전, 시간이 흐름에 따라 자연스럽게 허물없는 사이가 되었다. 토요일 오후마다 저녁식사를 하며 넷이 같이 보내는 시간이 많았지만 처음엔 친구와 직장동료 사이라는 공통점을 안고, 순수한 관계로 만남을 유지해나갔다. 왜냐하면 그때의 내 나이로는 결혼을 생각하기엔 너무 일렀기 때문에 직원인 석씨나 석씨의 친구인 미스터 신을 조금도 이성적으로 느껴지지 않았다.

하지만 엄격한 아버지께서는 토요일마다 늦게 귀가하는 맏딸을 의심하기 시작, 끝내 직원인 석씨와 친구인 숙이, 미스터 신까지 만나면서 더 이상 만나지 말라며 감시에 들어가셨다. 더구나 미스터 신의 가정환경과 자라온 과정까지 자세히 알아보시고, 둘만의 만남을 강하게 반대하셨다.

"너는 지금 아무 감정도 없다고 하지만 남자 둘, 여자 둘이 자주 만나다 보면 언젠가는 이성적으로 느껴지기 쉽다고! 그러니까 앞으로는 더 이상 만나지 말란 말얏!"

동쪽으로 가라 하면 서쪽으로 가고 싶은 게 인간의 심리던가? 아버지로부터 들은 남편의 불후한 가정사를 들은 후로 갑자기 동정심이 유발하기 시작했다. 내가 아니면 그를 사랑으로 따뜻하게 감싸줄 여자가 없겠다는 모성애와 연민의 정까지 합쳐져 강한 불꽃으로 튀었다.

"신택수씨, 정말로 미안해요. 나 같은 여자를 알게 되어 괜한 마음의 고생을……."

"난 괜찮으니까 계옥씨 건강만 생각하세요."

부모님의 미스터 신에 대한 좋지 않은 관심이나 잔소리가 늘어날수록 수와 옥 - 옥과 수 - 우리 둘의 사랑은 점점 뜨겁게 깊어만 갔다.

추위를 재촉하는 겨울비가 주룩주룩 내리던 12월 어느 날, 당시 평교사였던 아버지께서는 '절대 미스터 신과의 결혼을 허락하지 못하겠으니 다섯 동생과 엄마를 책임져라!' 하시며 귀가하지 않으시고, 학교숙직 방에서 소사 아저씨와 함께 일주일이 넘도록 기거하셨다. 그도 그럴 것이 1. 4후퇴 때 고향인 개성에서 홀 홀 단신 피난 오신 아버지는 너무너무 힘들고 외롭게 살아오셨다. 당장 기거할 곳이 없어 숙직 방 신세를 지기 위해 다른 교사들의 숙직을 도맡으며 매우 불편한 생활을 정신적으로 버텨내다가 제자 언니였던 어머니를 알게 되어 형식적인 결혼식을 올린 뒤 처가살이부터 시작하셨다고 한다.

나무궤짝을 다듬어 가구로 이용하는 등 완전 빈 몸으로 시작하신 부모님께서는 맏딸인 나를 비롯한 사 남 이녀를 어느 집 자식들보다 훌륭히 키워서 통일이 되면 고향의 부모형제들에게 떳떳이 자랑해야겠다는 꿈을 키우셨다. 그리하여 학교에서의 아버지는 늘 연구하고 노력하는 모범적이고 훌륭한 교육자요, 가정에서는 자상하면서도 때로는 매우 엄하게 자식들을 대하셨다.

매사 착하고 고분고분하던 딸이 성장하여 혼인할 시기가 되면 아버지는 많은 제자 중에 2년 선배인 병철 오빠와 결혼을 시켜야겠다고 오래전부터 생각해오셨다. 초등학교 6학년을 졸업할 때까지 전교에서 1등 자리를 내놓은 적이 없었고, 용산중학교, 서울 고등학교, 서울대학교를 졸업하여 유명하고 탄탄한 회사의 중역으로 근무하고 있는, 똑똑하고 성실한 제자를 큰 사윗감으로 혼자 점 찍어두고 계셨던 것이다. '그런데 한마디 의논도 없이 엉뚱한 남자와 이성 교제를 시작했다니!' 아버지로서는 도저히 용납할 수 없는 대사건이 벌어진 것이었다.

"다시는 만나지 마라. 절대로 미스터 신과의 결혼을 허락하지 않을 것이다."

남편으로 하여금 각서까지 쓰게 하여 받은 아버지는 홧김에 생전 처음으로 끔찍하게 생각했던 딸의 뺨에 손을 대셨고, 그 충격으로 나는 코피를 흘리며 졸도까지 했었다. 부모와 애인 사이에서 갈팡질팡 오락가락했던 그때의 하루하루는 지옥이 따로 없었고, 늘 죄인 같은 심정으로 불안의 연속이었다.

"미안해요. 아버지 때문에 시계 줄까지 끊어졌으니........ 나는 괜찮으니까 식사 제때 잘하면서 건강 챙기세요!"

또 남편을 만났다는 사실을 안 아버지는 숙직날 밤, 급기야 약을 잡숫고 소사 아저씨의 신고로 응급차에 실려 병원까지 가셨다. 다음 날 새벽, 통행금지가 풀리자마자 아버지를 찾아가 무조건 무릎을 꿇은 채 눈물을 흘리며 잘못을 빌었다.

"아버지, 다시는 만나지 않을 테니 제발 집으로 들어가 주세요!"

"계옥아, 듣던 중 가장 반가운 소리구나!"

흐느끼고 있는 나를 꼭 껴안아주시며 아버지도 통곡하셨다.

"그래, 넌 역시 내 딸이야. 내가 너를 얼마나 애지중지 키웠는데....... 소도 언덕이 있어야 비빈단다. 아무것도 없는 미스터 신하고 결혼하면 네 고생이 뻔해. 고향에서 빈 몸뚱어리로 혼자 내려와 지금까지 모진 고생 겪으며 살아온 고통을 내 자식들에게만큼은 특히 맏딸인 너에겐 물려주고 싶지 않단 말이야. 계옥아, 이 아비의 간절한 심정 이해해줄 수 있겠지?"

대답도 못 하고 그저 흐느끼고만 있는 내 볼을 하염없이 어루만지던 아버지께서는 연신 고맙다며 눈물을 닦으셨다. 그날 저녁에는 내가 일하고 있는 회사 앞으로 퇴근하시어 비싼 불고기를 사주셨고, 집 현관문 앞까지 꼭 잡은 내 손을 놓지 않으셨다.

이튿날은 차가운 바람이 낙엽을 마구 흩날리던 토요일이었다. 일찍 퇴근하여 비구니들만 있다는 수덕사를 물어물어 찾아갔다. 유교사상 밑에서 자라온 나는 생전 절을 찾아본 적이 없었지만 그날의 어둠침침했던 대웅전이 전혀 낯설지도, 무섭지도 않았다. 오히려 말없이 묵묵하게 내려다보고 있는 부처님만이 내 마음 구석구석을 헤아려주는 것 같아 그칠 줄 모르는 눈물을 흘리며 흐느꼈다. 부모를 따르자니 사랑하는 임이 울고, 임을 따르자니 부모님께 불효하는 것 같아 바깥세상 모든 것 다 잊고 산속에 묻혀 비구니로 여생을 마치기로 굳게 마음먹었다.

몇 시쯤인지 해는 이미 서산으로 기운지 오래되어 밖은 컴컴해졌다. 인기척이 나더니 엎드려 있는 나를 뒤에서 누군가 일으켰다.

"아가씨는 누구시죠? 웬일로 이 시각에 여기에 계시나요?"

젊은 비구니가 물었다.

"스님, 저도 스님이 되고 싶은데 어떻게 해야 하나요?"

간단한 내 이야기를 들은 그는 주지스님 앞으로 안내해주었다. 사연을 들어본 주지스님은 밤새도록 나를 설득시켜주었다. 정식 비구니가 되기까지 통과해야 할 여러 관문을 하나하나 예를 들면서 결코 쉬운 일이 아님을 거듭, 재차 강조하셨다.

"아가씨가 이런 행동하는 것이 부모님 가슴이나 애인 마음에 더 큰못을 박는 것입니다. 순간의 감정을 추스르지 못하여 멋모르고 이곳에 올라왔다가 중도에 포기하고 하산하는 젊은이들이 참으로 많습니다. 그러니 아가씨도 생각을 바꿔서 아침 해가 밝으면 어서 내려가시지요. 우선 집의 부모님들부터 안정을 찾으시도록 위로해드리세요. 그 다음에 자신이 있다면 애인을 찾아 다시 사랑을 계속 나누시고요."

주지스님은 자신의 설득으로 후에 잘살고 있다는 편지를 받았을 때 참으로 기쁘다며 부디 행복하게 잘 살라는 따뜻한 말씀까지 해주셨다. 수덕사를 떠나 아무 목적 없이 나뒹구는 낙엽들을 밟으며 버스정류소로 향했을 때는 주지스님에 대한 고마움보다는

'앞으로 또 어떤 괴로움과 시련들이 닥쳐올까!' 두려움이 앞섰으므로 제대로 인사도 못 드리고 헤어졌다.

이제나저제나 둘 중에 누군가 하나라도 마음이 변하여 헤어지길 원했던 아버지께서는 계속 반대하셨지만 술도 잘 못 하고 성실하다는 회사 동료들과 친구들의 증언 그리고 착실한 모습을 인정하시어 결국 두 손을 드셨다.

"자식 이기는 부모 없다고 하더니 우리가 바로 그 짝이로구나!"

1975년 3월 29일의 결혼날짜를 잡으시면서 아버지는 우리 둘에게 신신당부하셨다.

"아이를 낳는 것보다 우선 집부터 사야 한다. 애가 있으면 방 얻는 것이 어렵기 때문이야. 그러니까 내 집 마련부터 하고 아이를 갖도록 해!"

세차게 퍼붓는 봄 소낙비 세례를 받으며 결혼식을 올린 우리부부는 결혼 7개월 만에 전세를 끼고 융자를 얻어 34평의 내 집을 마련했다. 약속 아닌 반강제적 하명에 따르고자 내 입에 들어가는 것조차 아깝게 생각할 정도로 알뜰하게 살았다. 억지 부지이긴 하지만 일단 아버지와의 약속을 지켰으므로 아이를 가지려고 했는데 힘든 직장생활로 첫 번째, 두 번째 임신이 자연적 유산이 되는 바람에 한동안 고령신씨 장손 장남의 맏며느리인 내 입장에서 큰 정신적 고통까지 겪어야 했다.

직장을 그만두고 보약을 먹으며 건강을 회복한 후 결혼 3년 만에 몸도 마음도 건강한 큰아들과 2, 3년 차이로 둘째아들, 딸도 얻었다. 그리고 부모로부터 물려받은 재산 없이 우리부부의 힘으로 마련한 상가와 아파트로 약간의 임대료를 받으며 불편 없이 생활할 수 있을 정도로 기반도 일찍 잡았다.

세월이 흘러 지금은 10살, 3살짜리 손자와 6살짜리 손녀, 7살짜리 외손자, 5살짜리 외손녀가 있는 할머니와 할아버지가 되었다. 이따금 부모님들은 오래전의 일을 회상하실 때마다 가정적으로 열심히 살아온 남편에게 매우 미안하게 생각하시며 맏사위로도 흡족해하신다.

"도시락 싸 들고 네 신랑감 찾으러 다녔어도 신 서방처럼 이해심 많고, 착실하고, 성실한 사위는 못 구했을 거야. 정말로 자네 얼굴 볼 면목이 없네. 하지만 내가 그토록 반대했기에 허리띠 졸라매며 이를 악물고 더 잘 살 수 있었던 게 아니겠어? 허허허……."

"네, 그렇죠. 저도 딸을 키워서 결혼시켰지만 그 당시 아버님과 어머님의 심정을 백분 이해할 수 있습니다."

부부동반으로 세 번 찾았던 지금의 수덕사는 증축과 개조로 예전의 아담했던 모습 대신 웅장한 규모로 변했지만 바람에 흔들리는 풍랑소리와 한가로운 정경은 변함이 없었다.

가끔 노래방을 찾을 때마다 수덕사에서 하룻밤 비구니로 밤을 지새웠던 지난날의 사연을 아는 사람들은 어쩌면 내 삶터가 되었을지 모른다며 가수 송춘희씨의 히트곡인 '수덕사의 여승'을 예약해주곤 한다.

이 동 원

필명(본명): 이동원(원국)
출생지: 경북 포항
거주지: 경남 거제
현대문학사조 회원(편집위원)
(사)부산시인협회 회원
영남문인협회 회원
시몽시인협회 회원
시인의 정원 회원
E-mail : lnk2061@hanmail.net

바다 外 4편

이 동 원

푸른 문신을 새겨놓고
거친 숨결 심장이 박동한다
아침마다, 밤마다
서로 다른 몸인 듯
누군가의 사연을 물들이고
한 줄기 바람으로 밀려들다
독무를 추다 철썩 철썩이는 몸
오늘은
이것저것 다 벗어놓고
맹꽁이처럼 울다
웃는다.

멧꽃

길섶 밭두렁에 정초한 나팔
잡초와 엉키어 몸 비비는 넝쿨
제 몸이 큰 줄 알아 꽃대를 말아 올린 듯
솟구쳐 나팔이 되는 저 의미는 무엇일까

섭리에 흔적들을 말하는 걸까
표적을 향하는 부메랑을 돌려주려는 것일까
가고 오는 발걸음 소리를 알려 주는 것에 정곡 하리니
나, 저들이 부르는 연주로 부메랑을 쫓아가는 것이니
별이 쏟아지는 뜰에서 풀벌레로 울어 줄 것이다

어느 곳에 쉬고 있을 내 꿈처럼 날아갈 것이지
부메랑이 돌아온다
길섶 멧꽃들이 서로 다투어 나팔을 분다
떨어지는 저 꿈을 다시 보내야 되는가

벗이 그리운 날

가뭄에 흙먼지 날리는 움막을 찾아든 달랑 가방 하나뿐인, 단봇짐 든 그대
때 되면 떠나기 좋은 나그네라 좋다며 누런 이빨을 드러내고 껄껄 웃던 그대
뚜벅이는 뒷모습에 손 흔드는 이별 짓, 흔들리지 않는 걸음에 안녕이라 못하고
너울에 그대의 꽃가루를 뿌리며 아파서 한동안 그대 뒤태를 보았나이다.

어설픈 삶의 노래가 아둔하게 되어버린 아집의 움막을 떠나
더 자유로운 곳 찾으시었나요? 새 굿거리장단을 맞출 동무를 만났나요
세월은 야속하게도 그대가 향기를 두고 간
먼지 날리던 길 발자국들을 모두 지웠습니다.

수년이 지난 오늘, 잊혔다 살아오는 그대는 어떤 곳에서 단봇짐을 풀었는지
막걸리 몇 병, 돌돌 말은 멸치 봉다리 들고
"어이! 친구 잘 지내셨는가." 들이닥칠 듯한 목소리
대포잔 꿀꺽꿀꺽 소매로 쓰윽 닦던 모습
농익어 높은 음표에 목 붉은 핏대 세우던 굿거리장단이 그립습니다.

산 자의 입에서 그대처럼 "아! 쉬고 싶다"고 막걸리 서넛 통 들고 그대에게 갈까

아! 이 얼마 만인가? 그대 머리맡 꽃당게 바닷가 술 한잔치리다

"친구야 뭐라카노! 너는 아무리 뭐라 해도 나는 니가 좋다."하든

벗의 허허로움이 파도를 타고 울렁댄다.

등산

산은 산이라
푸름과 흙 내 짙어
담아둔 병풍이 화를 죽인다

물의 웃음을 보았는가
폭포란 그 정체 무언가 했더니
끓는 화를 끄는 감로수다

고개 넘고 넘어
정상으로 오르고 올라도
돌아보면 깨움이로다.

무소음

잘하고 있는가
스스로 물음표를 두고
무게를 가늠하는 저울이 되라
무소유는 다 비우라는 것이 아니다

요란한 수레가 과욕이니
한쪽 심방(心房)을 비우면
잠깐 기울어도 내가 보인다
헛된 욕망 내려놓고 귀를 열어라
작은 것이냐
큰 것이냐 묻지도 말아라

가는 길 걷다 보면
마음보일지니 그때 돌아보거라
버린 것이 보이지 않으면
비로써 나를 찾은 것이다.

장 미 라

1962년 강원도 횡성 출생
현대문학사조 편집위원
현)성남바리스타협동조합이사장
현)전국시낭송시치유협회장
현)재미나는시낭송시치유강사
현)황송노인종합복지관 [재미나는시낭송]강사
현)황송노인종합복지관 주간보호센타 [시와이야기]진행
현)중원도서관 장애아동치유프로그램 [시와이야기]강사

저서
수필집 『통가리』
시집 『월현리의 추억』 등 동인지 다수
어린이책 『바다의 왕 장보고』 『좁쌀 한 알 할아버지』 등

힘들다는 생각이 들 때마다 外 4편

장 미 라

무엇을 할 것인지
선택의 기로에 있을 때
그 선택은 비록 내가 하지만
나를 끌어 그곳에 데려오고
앞을 보여주는 것은
내가 아닌 내 안의 누군가라는 것

가다가 후회가 들면
잠시 멈춰 서는 것은 나의 뜻이지만
정비하고
다시 가도록 하는 것은
나의 뜻이 아닌
내 안의 누구라는 것

그러므로
선택하고 가는 길이
정말 틀린 길이 아니라면
힘들다 생각이 들 때마다
그 길을 걸어오면서
만난 귀한 사람들과

얻은 무엇들에게
열 번은 감사한 생각을 먼저하고
그 중 딱 한 번만 힘들다 할 것

힘들다는 말을
입에 달고 살게 되면
그 말이 버릇이 되고
삶 또한 말처럼 힘들게 살아지지

감사하다 생각하며
그렇게 살다 보면
나도 모르는 어느새
세상의 모든 것들이
나를 돕고 있다는 걸
문득 깨닫게 되지

2016 6월 16일 아침

아버지가 보고 싶다

요 며칠 아버지 생각이
많이 났습니다

상황판단이 느리고
대처 능력 또한
느리기 한량없는 자식이
당신은 늘 걱정이었습니다

어린 어느 날 봄
이랴 이랴
밭을 갈고 있는 당신이
금방 일군
이랑을 따라 쫄랑거리며

아부지 소가 참 힘들겠다
그르케 이랴 하믄
소가 아부지 말을 알아들을까?

쫑알쫑알 끝없이 뒤쫓는
딸의 질문에
일없게 느껴진
당신은 소를 세워놓고
미라야 하고 불렀드랬습니다

왜?
니 코 좀 잡아봐라
이렇게?
잡았나?그럼 맹꽁! 하거라

그제야 나는 상황을 판단하고
헤헤 멋쩍어
밭고랑을 물러났던 기억이 납니다

밭갈이도 힘든데
고랑을 일일이 쫓아다니는
철없는 딸의 질문이
그만 당신은
소부리는 일보다 더 버거웠던 거지요

오십이 넘은 지금
아직도 나는 그때 처럼
여전히 상황 판단 느리게 삽니다
그걸 느낄 때면
꼭 아버지가 보고 싶어집니다

우산 챙겼나?
아픈덴 없재?
아이들 혼내지 말고 키워라
내가 느덜을 그렇게 키운적 없으니

오늘은 그런
아버지가 더 보고 싶어 찾아갑니다

당신이 누운 자리에
파란 잔디가 올라오는 것을
주변에 산꽃들이 피어나는 것을
가만 보고 있으면
그중에 당신 미소를 만날 수 있을까요

우리 어머니

우리 어머니는 이제
누워서 비 맞는 것도 이골이 나셔서
아무렇지도 않으실게다
벌써 몇 년째 비 내리면 비를 맞고
눈 내리면 눈을 맞고 누워계시니

비가 오는 날

보고프다 하니
당신은
금방 보았잖느냐 한다

비가 온다 하니
당신은
우산은 챙겼느냐 한다

다시 보고프다 하니
당신이
건강하거라 한다

우리가 이렇게
세상 속을 같이 걸어가는
한 시절이
언제까지일지 모르나

나는 그대가
언제나 늘
그리울 거라는 걸 안다

그대도
내 걱정을 하며
그렇게 살거라는 것도 안다

2016.4.21. 비 오는 아침

목련이 피었네 벌써

목련이 피었네 벌써
문득 서글퍼라

피면 금방 지는 걸 모르나
좀 천천히 피지

좀 천천히 피고
천천히 지지

세상 끌어안고
진하게 사랑해 볼 사이도 없이
피었다 지고 마는

꽃이 피는 건 잠깐
철없는 어린 목련이
다투어 피고 있네
작년처럼—

주 경 식

충북 진천출생. 숭전대학교 영문학과 졸업
현대문학사조 시 부문 신인상 수상(2014)
월간 국보문학 시 부문 신인상 수상
한국문인협회 회원
현대문학사조 작가회 부회장
(사)국보문학협회 정회원
영남문인회 기획부장

공저 『시심을 담은 항아리』 동인지
영남문인회 『시나브로』 동인지 공저

(현) 경진기업(주) 대표

돌의 단상 外 4편

大禾 주 경 식

오랜만에 밟아보는 산자락의 흙들
그곳에 불쑥 불쑥하게
튀어나온 돌멩이들의 환영을 받으며
숲으로 깊이 들어가 본다

저기 한 무더기의 찔레꽃이
가느린 합창을 하고 있다
그 옆을 비껴가는 바위 위에
지나가는 한 사람, 한 사람들이
하나씩 정성 들여 올려놓은
작은 돌탑들이 여러개이다

이 길을 오르내리며
하나의 염원을 기도에 담아
쌓아 놓은 각양각색의 돌들

바닥에 뒹구는 반들반들한
돌멩이를 나도 올려 본다
무심히 놓으려 했는데
그만 입속으로는
우리 가족들 건강하게 해 주세요

하찮아 보이는 돌멩이가
동행하는 길 위에서
여러 사람이 모여 마음을 붙들면
삶의 희망을 채근하는
커다란 원동력이 되는 것이다

목련

아직은 차가운 삼월의 아침입니다
그대의 순결로 찾아 온
봄 햇살에 놓인
그리움의 엽서가 설레입니다

엷은 미소로
입술은 허옇게
가만가만히 쏟아 낸
온유의 포근한 인사

깊어 오는 향기
바람 끝에 휘날리어
가슴 속 눈물의 빈자리까지
한 편의 시로 채워 주고 있습니다

분재 꽃

옥죄인 창고에서
마지막 숨을 내어 쉬는
까칠한 매듭의 공명으로
산 너머 꽃 웃음을 터트렸다
바위틈 사이
벼랑 끝자락에서
엄지발가락을 세운 촉각으로
한 치의 흐트러짐이 없는
인내의 또렷한 별
지금 토분 위에
승리의 깃발 굳건히 세웠다

마음

풀어 주질 않는다
애써, 옷고름 풀듯
정성어린 모습으로
수많은 노력을 하여도
항상 그대로의 얼굴이다

웃어 주지 않는다
다만 그만큼만 내려 놓고
제자리에 앉아
울타리를 곱게 치고
깊은 심연의 심지만 올려 놓고
한결같이 바라다 보고 있다

한사람의 마음에 향기를 피우는 일은
깊은 샘에서
두레박에 담긴 넘실대는 물을
하나도 쏟아내지 않고 올려내는
심혈의 열정이 필요한가 보다

비

쏟아내고 싶은 것은
다 쏟아내라
하소연하고 싶은 마음이라면
퍼붓고 퍼부어라
나도 쏟아지고 싶다

함 세 린

시조문학 등단
현대문학사조 편집위원
시조집 : 『비익조』 (2010 시조문학 올해의 좋은 작품집상 수상)

유심시조백일장, 샘터시조상수상,
불교문학상수상, 달가람 문학상 수상 .
시조문학 올해의 좋은 작품상 수상(2013) 현대문학사조 문학 대상 (2015)
제3회 수안보 온천문학 대상(2016) 문학의 봄 작가상 수상 (2016)
현대문학사조 외 다수의 문학단체서 활동 중

연꽃 앞에서 外 4편

함 세 린

노여움 솟구치던 원망을 접습니다
한때는 꽃이었을 우리의 추억들도
찐득한 그대 발밑에 묻어두려합니다.

그렇게 온화하게 웃을 수 있기까지
얼마나 아린 아픔 녹이고 삭혔을까?
이제야 터득합니다 웃음 속에 눈물을.

동백꽃 차를 마시며

어쩌다 내게 와서
그 눈물 쏟아놓고

검붉은 속앓이를
향기로 내 보이네

마지막
가는 걸음도
우련하고 예쁘다.

수안보의 봄

그대의 품에 들면
한없이 따스하고

향기에 젖어들면
시름도 스러진다

이 봄날
온천은 온통
몸살 하듯 피리라

들끓는 속앓이를
땅속에 묻어두고

아무 일 없다는 듯
그렇게 웃어준다

벚꽃이
흐벅진 나달
꿈결인 양 흐르리

어떤 판결

내 앞을 가로막은 첨단의 의료기기
기묘한 소리 내며 내 몸을 훑고 가도
웅장한 바위로 보여 범접할 수 없었네.

위에서 아래쪽을 밑에서 위쪽으로
스치고 지나갔던 그 길에 드러난 뼈
수백 년 묻혀 있었던 미라 같은 형상들

이것과 저것들이 모아고 맞물려서
칠십여 고된 삶을 버티고 견디였네
이제는 편히 쉬라고 남은 날을 알리네.

없었든 일로 하는 거야

조금씩 지워지는 양손의 지문처럼
네게로 가는 마음 가을빛 무성하고
저 하늘 물들인 노을 너를 품고 숨는다

때때로 젖어오던 눈시울 메마르고
저무는 오솔길에 그림자 밟고 서면
뒤 쳐 저 머뭇거리는 네 이름을 만난다.

황 갑 수

현대문학사조 문인협회 회원

박꽃이 그립다 外 4편

황 갑 수

해 그름질 때
어머니의 가마솥이 거품을 내민다
덩달아 백솥엔 재첩국이 넘친다
어머니 소리친다
어서 밥솥 뚜껑에 찬물 한 바가지 퍼 부으라고

모깃불 피워놓고
까치른 멍석에 앉아
일상의 저녁을 함께 한다

달이 보름을 향하며 비친 곳
박꽃이 수줍음을 더해 함빡 웃는다
아래채 초가지붕에 앉아
그런 일상을 내려다 본다

저 건너 산속에서 부엉이 울고
여우도 질세라 따라 짖는다

모깃불 열기가 식어 가면
언젠가 모르게 오늘을 잊는다
일찍 일어나야
박꽃을 본다
하루에 두 번 만……

봄의 깊이

강변의 푸른 갈대밭 아래엔
구멍 파고 드나드는 잡동사니 게들이
제각기 거품을 내밀고 한없이 춤을 춘다
그리곤 빠르게 없어져 버린다

물길에 태어난 삼각주 모래 둔덕 어디 풀 속에
새끼 숨겨놓은 종달새 높이 떠
해방군 오는지 망보고
저들만의 암구호 지져대며
온종일 경비를 선다

쌀보리 밀밭 사이로
잘 은폐한 색을 칠하고
꽃뱀이 으슬렁 댄다
어디 종달이2) 알 없냐고

오늘도 강변 하루는
지키고 살기 위한 몸부림을 친다
사람은 그것을 즐거움의 재미로 본다.

---

2) 종다리 새

내가온 길

산비탈 내리막 흙길
움푹 파인 손바닥 만 한 그 길
엄마 시장 갔다 돌아오던 그 길
누님 새색시 꽃가마 간 길

새벽닭이 울음 울어 여명을 알리고
쫓기듯 짐 챙겨
고향 떠나온 그 길

모퉁이 돌기 전에 돌아본 그 길
엄마 호롱불 밝혀진 그곳
비치지 못한 곳 아쉬워서
울음 울던 곳 그 길.

부귀모란

모란꽃 삶은 시간이 짧아라
엊그제 꽃 몽우리 맺었더니
간밤 지나서 그 모습 보이네

모란꽃 삶은 시간이 짧아라
오늘 아침 꽃잎 피우더니
해 질 녘 활짝 내미네

모란꽃은 허영이 심해라
너무나 큰 꽃으로 태어나
너무나 무거운 꽃잎을 달고
너무나 진하디진한 향기를 담고 있구나

모란꽃은 제 간수를 못 하는 꽃이라
바람비 한 번에
한 밤을 넘기지 못해 지는구나
그 무거운 찬란함을 지키지 못하고

모란꽃은 부귀라
그 부귀 간수 못 하고 촌음에 지는 것을
세상 부귀 꿈꾸어도
챙기심 뒷전엔 풍전낙엽 이라

모란꽃은 부귀영화라
부귀영화 우리네 바램이라
그러면
몸 마음 정신
바르게 살아가세나

행복을 만든 사람

난
당신을 보았습니다
오월의 피는 아카시아 꽃 마냥
바람 불면 흔들리는 가냘픔을
인내와 지혜로 바람을 유희의
멜로디로 만든 모습을 말입니다

난
당신을 압니다
모든 이의 앞에서 표현하지 않는 것을
서러움의 마음속 깊이 눈물로
또 다른 진주를 만들고 다듬어
당신의 반려자에게 드리고 있습니다

당신은 무척이나 행복합니다
적어도 나의 마음 느낌으로는
당신과 삶을 서슴지 않은 반려자가
더욱 존경스럽습니다

나는 당신을 배웁니다
그래서 나도 행복합니다